KB006292

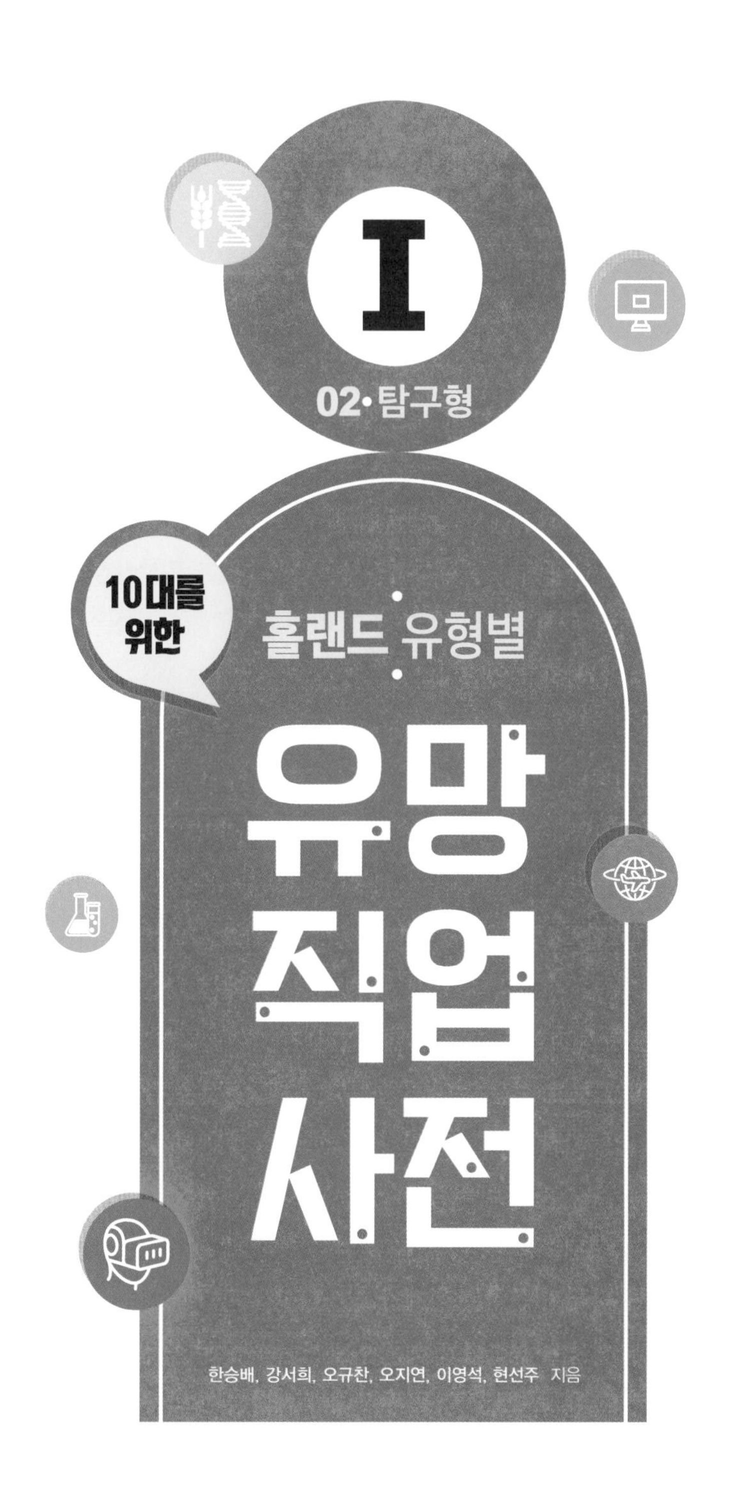

(주) 삼양미디어

"선생님! 저는 제가 뭘 좋아하는지 모르겠어요."

이 말은 학과나 진로 탐색 과정에서 학생들이 자주 하는 질문입니다. 이 질문의 해결 방법을 찾기 위해 많은 학교나 단체에서 진로심리검사를 합니다. 진로심리검사에는 흥미나 적성, 가치관 등을 알아보는 여러 검사가 있지만 대부분의 중 · 고등학교에서는 학생의 흥미를 알아보는 홀랜드 검사를 많이 실시하고 있습니다.

홀랜드 검사는 사람의 성격과 흥미 특성을 6가지 유형으로 구분하고, 이와 관련된 직업을 선택할 수 있게 한 검사입니다. 물론 홀랜드 검사를 했다고 해서 자신의 흥미를 다 알게 되거나 나아갈 분야를 곧바로 결정할 수 있는 것은 아닙니다. 때론 뜻밖의 검사 결과가 나와 '내가 이런 흥미가 있었나?' 생각하게 될 때도 있습니다. 검사 결과를 무조건 믿고 따르는 것도 좋은 방법은 아닙니다. 그렇다면 진로심리검사가 의미가 없는 걸까요? 그렇지는 않습니다. 검사를 하는 과정에서 자신에 대해 좀 더 생각해 보게 되고, 검사 후에는 나온 결과를 바탕으로 진로를 탐색하는 과정을 거치도록 동기를 부여하기 때문입니다.

진로심리검사는 참고 자료로 보는 것이 좋습니다. 중요한 것은 검사 결과를 보는 것이 진로 탐색 과정의 '끝'이 아니라 '시작'이라는 것입니다. 하지만 많은 학생들은 자신의 흥미 유형과 추천 직업을 확인하고는 그냥 지나쳐 버립니다. 정작 흥미와 관련한 직업을 알아보는 진로 탐색 활동을 하지 않고 있습니다. 수업이나 진로 상담을 통해 관련 직업을 살펴보기도 하지만 시간이 부족하여 깊이 있게 다루지 못하는 한계가 있습니다.

대안으로 학생들에게 책을 추천하려고 해도 홀랜드 유형으로 직업을 구분하여 설명한 책은 찾기가 어렵습니다. 홀랜드 유형으로 직업을 구분해야 해당 유형의 직업을 다양하게 살펴볼 수 있고 2, 3순위로 나온 유형과 관련한 직업도 함께 탐색할 수 있습니다. 이러한 문제를 조금이나마 해결하기 위해 진로 선생님들이 모여 '홀랜드 유형별 유망 직업 사전'을 쓰게 되었습니다.

이 책에는 홀랜드 검사의 6가지 유형별로 유망 대표 직업 20개를 뽑아 총 **120개**의 직업을 안내하고 있습니다. 해당 직업이 어떤 직업인지, 하는 일은 무엇인지, 필요한 능력은 무엇인지, 미래의 직업 전망은 어떠한지, 어떤 자격증이 있어야 하는지 등을 상세히 풀어놓았습니다. 또 그 직업인이 되는 경로인 **'커리어 패스'**도 있어서 **진학 설계**에 도움을 받을 수 있고, 직업과 연관성이 큰 대학의 대표 학과에 대한 소개도 상세히 넣었습니다. 무엇보다 "이 분야로 가려면 중·고등학교 시절부터 뭘 준비해야 하나요?"라는 물음에 답할 수 있도록 '학교생활 포트폴리오'에 동아리·봉사·독서 활동, 교과 공부, 교외 활동 시 준비할 것을 정리하였습니다. **'학교생활 포트폴리오'**를 통해 **'학교생활기록부'**를 잘 관리한다면 **'학생부 종합전형'**을 대비하는 데 많은 도움이 될 것입니다.

'진로'나 '꿈'이 곧 '직업'은 아닌데 꿈을 이루기 위한 수단인 '직업'에 주목하다 보면 직업이 인생의 '목표'나 '꿈'이 되어 버리거나 생각의 폭이 좁아질 수 있다는 우려도 있습니다. 맞는 말입니다. 그럼에도 '직업'에 관심을 가지는 것은, 학생들은 '꿈'을 쉽게 체감할 수 없고 먼 미래의 일이라 생각하여 자신의 꿈을 위해 체계적으로 준비하지 못하는 경우가 많기 때문입니다.

자신의 진로를 결정하는 데 도움이 되는 방법은 여러 가지가 있지만 무엇보다 자신이 직접 겪은 경험만큼 확실한 것은 없습니다. 의미 있는 시행착오를 겪을수록 자신의 진로를 분명하게 알 수 있습니다. 학생들에게 꿈을 직업으로 정했을 때의 문제와 한계를 알게 하고, 그럼에도 직업으로 접근하는 이유를 제대로 알린다면 크게 걱정할 필요는 없다고 생각합니다.

끝으로, 이 책이 자신의 진로를 찾아 행복한 삶을 살아가는 데 조금이나마 도움이 된다면, 나아가 진로 탐색의 길잡이 역할을 할 수 있다면 더할 나위 없겠습니다.

지금 이 순간에도 자신의 진로에 대한 건강한 고민을 하고 있을 수많은 학생 여러분! 여러분의 꿈을 응원합니다.

– 저자 일동

구성과 특징

COMPOSITION

1

1 관련 학과
소개된 직업과 관련성이 높은 대학의 학과 정보가 궁금하다면 해당 페이지에서 확인할 수 있습니다.

2 직업의 세계
해당 직업과 관련된 시사성이 큰 상식이나 지식, 이슈, 뉴스 등을 소개하여 그 직업의 세계를 개략적으로 이해할 수 있게 하였습니다.

3 직업을 대표하는 사진이나 삽화로 시작하여 흥미를 유발하였습니다.

4 하는 일
직업이 하는 일을 쉽게 이해할 수 있도록 설명하였습니다.

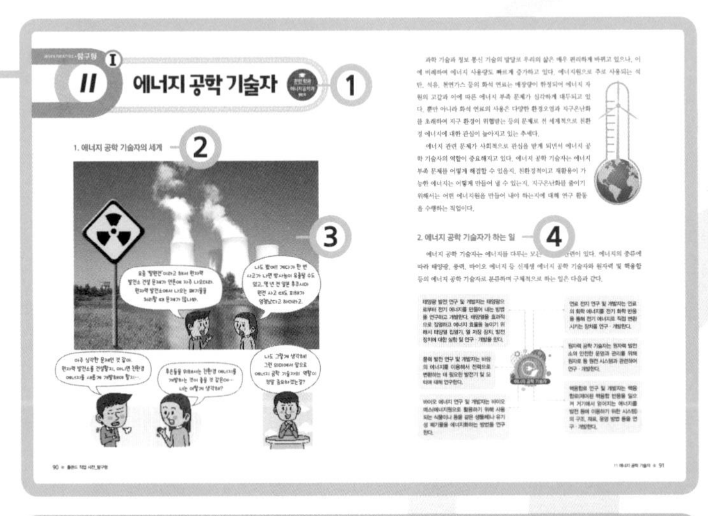

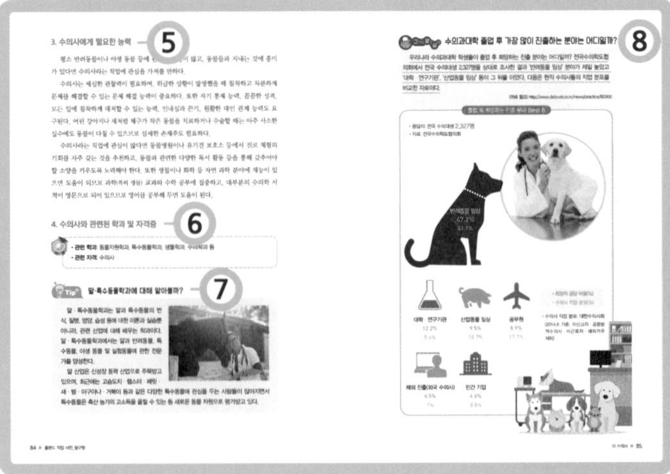

2

5 필요한 능력
해당 직업인이 되기 위해 갖추어야 할 능력이 무엇인지 알 수 있게 설명하였습니다.

6 관련 학과 및 자격증
해당 직업과 관련된 대학의 학과와 필요한 자격증을 제시하였습니다.

7 TIP
직업을 이해하는 데 도움이 되는 관련 용어나 지식을 소개하였습니다.

8 그것이 알고 싶다
직업과 관련된 흥미로운 이야깃거리나 궁금한 점 등을 소개하였습니다.

INVESTIGATIVE

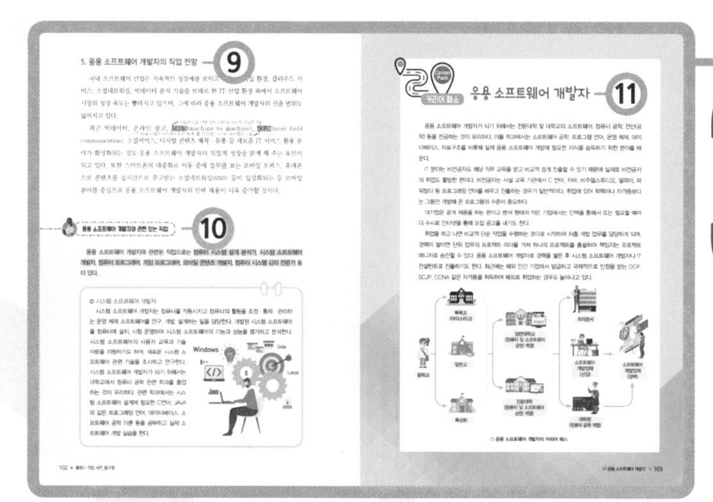

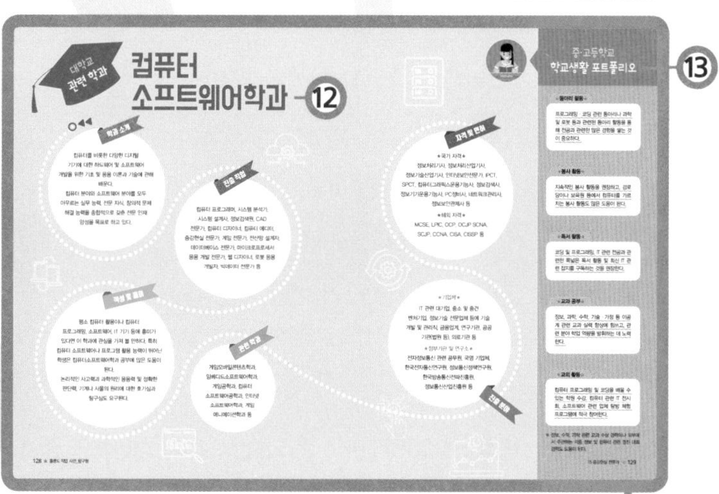

3

9 직업 전망
해당 직업의 현재 상황과 미래의 전망을 사회의 변화나 경제 상황, 기술의 발전 등을 고려하여 예측해 보았습니다.

10 관련 있는 직업
해당 직업으로 일하면서 만나게 되는 관련 분야의 직업인이나 진출 가능한 직업을 소개하였습니다.

11 커리어 패스
해당 직업인이 되기 위한 다양한 중 · 고등학교와 대학교 진학 및 이후 진로 경로를 상세히 소개하고, 한눈에 이해할 수 있게 그림으로 표현하였습니다.

4

12 대학교 관련 학과
해당 직업과 관련성이 높은 대학교의 학과를 소개하였습니다. 학과에 적합한 적성과 흥미, 관련 자격증이나 면허, 관련 학과, 진출 가능한 직업, 진출 가능한 직장의 분야 등을 상세히 소개함으로써 직업과 학과를 폭넓게 이해할 수 있게 구성하였습니다.

13 학교생활 포트폴리오
해당 분야의 직업인이 되기 위해 중 · 고등학교 시절부터 준비하면 큰 도움이 될 학교생활 포트폴리오를 제시하여 상급 학교 진학에 도움이 될 수 있게 하였습니다.

01 홀랜드 검사란?

세상에는 수많은 직업이 있고, 사람들은 다양한 직업에 종사하며 살아갑니다. 그런데 직업을 가진 사람들 중에서 자신이 정말 원하는 직업을 갖고 있는 경우는 의외로 드물다고 합니다. 자신의 적성과 능력에 잘 맞는 직업을 선택하여 살아간다면 즐겁게 일할 수 있고, 능력을 발휘할 기회도 많아져서 삶 자체가 더욱 행복해질 수 있겠지요. 그렇지만 자신의 적성과 흥미에 맞는 직업이 무엇인지를 아는 일은 쉽지 않습니다. 이럴 때 도움을 받을 수 있는 것이 적성 검사나 흥미 검사입니다. 이러한 검사를 통해 자신이 좋아하고 관심 있는 분야에 대해 알 수 있고, 자신의 성격과 장점을 보다 잘 파악할 수 있습니다.

오늘날 진로와 적성을 탐색하는 검사 방법이 많이 개발되어 있는데, 그중에 이 책에서 소개하고자 하는 것은 홀랜드 검사 방법입니다.

홀랜드 검사는 미국의 저명한 심리학자 존 홀랜드가 사람의 직업적 성격 이론에 근거하여 만든 진로 및 적성 탐색 검사입니다. 홀랜드 검사에서는 이 세상에 존재하는 모든 직업을 특성이나 종사하는 사람들의 성격에 따라 6개의 유형으로 구분하고 있으며, 6가지 진로 유형을 'RIASEC 유형'이라고 합니다. RIASEC은 R형(Realistic, 실재형), I형(Investigative, 탐구형), A형(Artistic, 예술형), S형(Social, 사회형), E형(Enterprising, 기업형), C형(Conventional, 관습형)의 앞 글자를 딴 용어입니다.

• 존 홀랜드(John L. Holland, 1919~2008) 미국 존스홉킨스 대학 심리학과 명예교수로서 진로 발달 및 선택 이론인 홀랜드 직업 적성 검사를 개발했습니다. 그가 개발한 '직업적 성격 이론'은 개인의 성격과 직업적 환경과의 상호 연관성에 바탕을 두고 확립되었으며, 이 이론은 현재 전 세계의 진로 발달 및 상담 학계에서 가장 많이 이용되고 있습니다.

그의 저서 〈직업의 선택(Making Vocational Choices)〉은 진로 상담 부문에서 최고의 책으로 인정받고 있으며, 고트프레드슨과 함께 출간한 〈직업코드사전(DHOC)〉을 통하여 직업사전에 있는 거의 모든 직업을 홀랜드 코드화하였습니다. 이러한 공로를 인정받아 1995년에는 미국심리학회에서 수여하는 '저명한 학자로서의 학술상'을 받았습니다.

그의 검사 중 특히 홀랜드 SDS(Self Directed Search, 자기탐색검사)가 가장 널리 인정받고 있으며, 그 밖에 NEO 청소년성격검사, NEO 성인성격검사 등도 많이 이용되고 있습니다.

R-I-A-S-E-C

02 홀랜드 검사의 직업 유형 6가지

홀랜드 검사에서는 6가지 유형을 기본으로 하여 검사 결과에서 가장 많이 나타나는 두 가지 유형을 자신의 성격 유형 및 진로 코드로 정합니다(예 SC형). 왜냐하면 한 사람의 성격과 흥미를 한 가지 유형으로 단정할 수 없기 때문입니다. 경우에 따라 세 가지 유형을 묶어서 표현할 수도 있습니다(예 SCA형). 검사 결과에서 가장 많은 유형을 제1유형, 그 다음으로 제2유형, 제3유형이 결정됩니다.

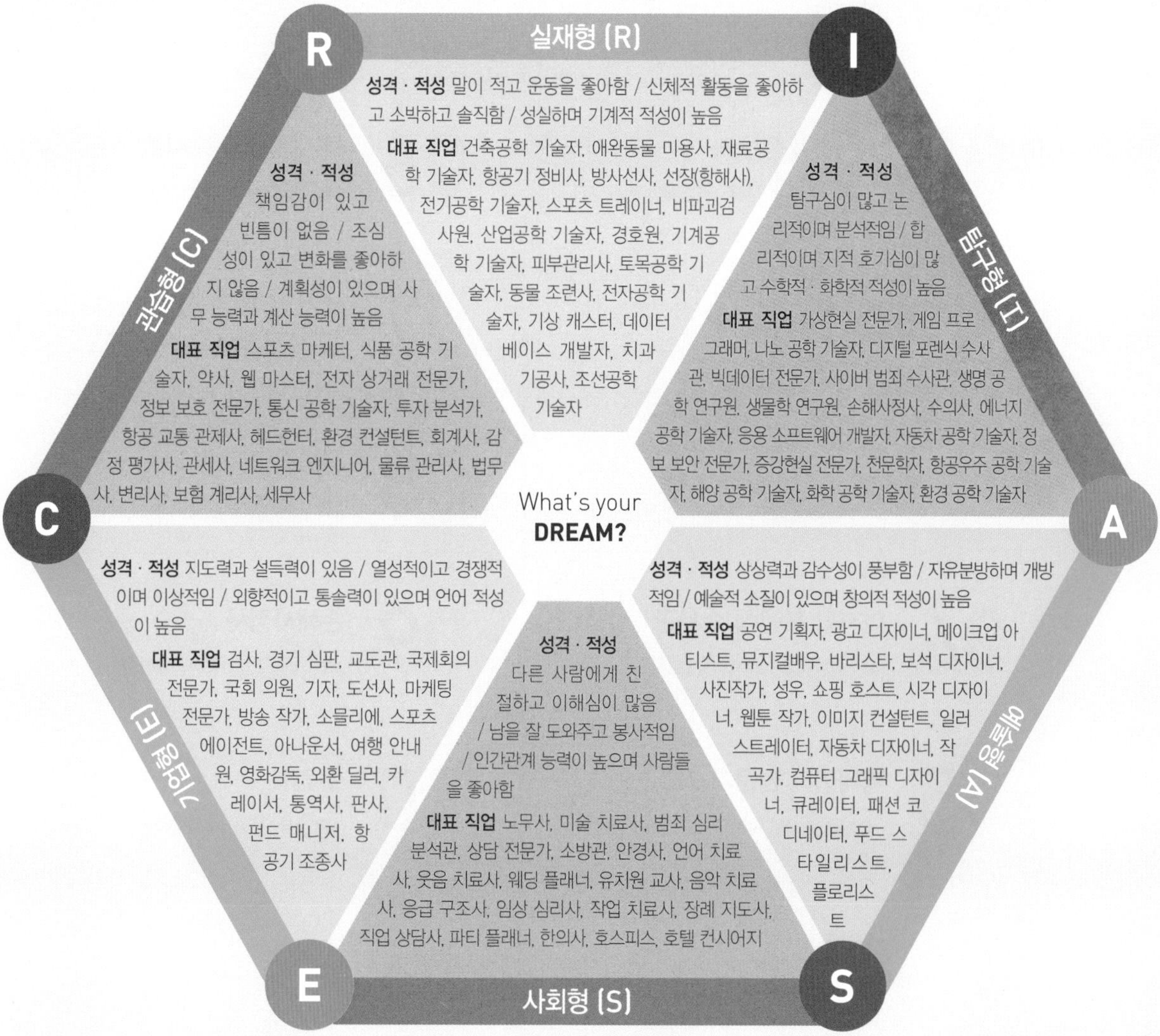

R I A S E C

What's your DREAM?

실재형 (R)

성격 · 적성 말이 적고 운동을 좋아함 / 신체적 활동을 좋아하고 소박하고 솔직함 / 성실하며 기계적 적성이 높음

대표 직업 건축공학 기술자, 애완동물 미용사, 재료공학 기술자, 항공기 정비사, 방사선사, 선장(항해사), 전기공학 기술자, 스포츠 트레이너, 비파괴검사원, 산업공학 기술자, 경호원, 기계공학 기술자, 피부관리사, 토목공학 기술자, 동물 조련사, 전자공학 기술자, 기상 캐스터, 데이터베이스 개발자, 치과기공사, 조선공학 기술자

탐구형 (I)

성격 · 적성 탐구심이 많고 논리적이며 분석적임 / 합리적이며 지적 호기심이 많고 수학적 · 화학적 적성이 높음

대표 직업 가상현실 전문가, 게임 프로그래머, 나노 공학 기술자, 디지털 포렌식 수사관, 빅데이터 전문가, 사이버 범죄 수사관, 생명 공학 연구원, 생물학 연구원, 손해사정사, 수의사, 에너지공학 기술자, 응용 소프트웨어 개발자, 자동차 공학 기술자, 정보 보안 전문가, 증강현실 전문가, 천문학자, 항공우주 공학 기술자, 해양 공학 기술자, 화학 공학 기술자, 환경 공학 기술자

예술형 (A)

성격 · 적성 상상력과 감수성이 풍부함 / 자유분방하며 개방적임 / 예술적 소질이 있으며 창의적 적성이 높음

대표 직업 공연 기획자, 광고 디자이너, 메이크업 아티스트, 뮤지컬배우, 바리스타, 보석 디자이너, 사진작가, 성우, 쇼핑 호스트, 시각 디자이너, 웹툰 작가, 이미지 컨설턴트, 일러스트레이터, 자동차 디자이너, 작곡가, 컴퓨터 그래픽 디자이너, 큐레이터, 패션 코디네이터, 푸드 스타일리스트, 플로리스트

사회형 (S)

성격 · 적성 다른 사람에게 친절하고 이해심이 많음 / 남을 잘 도와주고 봉사적임 / 인간관계 능력이 높으며 사람들을 좋아함

대표 직업 노무사, 미술 치료사, 범죄 심리 분석관, 상담 전문가, 소방관, 안경사, 언어 치료사, 웃음 치료사, 웨딩 플래너, 유치원 교사, 음악 치료사, 응급 구조사, 임상 심리사, 작업 치료사, 장례 지도사, 직업 상담사, 파티 플래너, 한의사, 호스피스, 호텔 컨시어지

기업형 (E)

성격 · 적성 지도력과 설득력이 있음 / 열성적이고 경쟁적이며 이상적임 / 외향적이고 통솔력이 있으며 언어 적성이 높음

대표 직업 검사, 경기 심판, 교도관, 국제회의 전문가, 국회 의원, 기자, 도선사, 마케팅 전문가, 방송 작가, 소믈리에, 스포츠 에이전트, 아나운서, 여행 안내원, 영화감독, 외환 딜러, 카레이서, 통역사, 판사, 펀드 매니저, 항공기 조종사

관습형 (C)

성격 · 적성 책임감이 있고 빈틈이 없음 / 조심성이 있고 변화를 좋아하지 않음 / 계획성이 있으며 사무 능력과 계산 능력이 높음

대표 직업 스포츠 마케터, 식품 공학 기술자, 약사, 웹 마스터, 전자 상거래 전문가, 정보 보호 전문가, 통신 공학 기술자, 투자 분석가, 항공 교통 관제사, 헤드헌터, 환경 컨설턴트, 회계사, 감정 평가사, 관세사, 네트워크 엔지니어, 물류 관리사, 법무사, 변리사, 보험 계리사, 세무사

△ 홀랜드의 RIASEC 모형

목차

CONTENTS

R

INVESTIGATIVE · 탐구형

A S E C

INVESTIGATIVE • 탐구형 I

01 가상현실 전문가

1. 가상현실 전문가의 세계

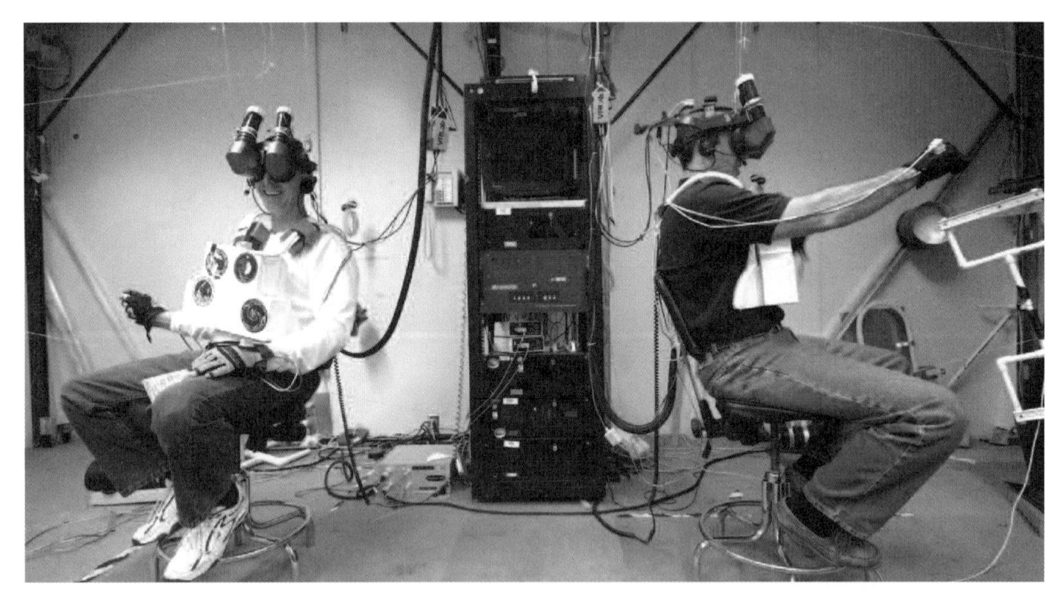

미국항공우주국(NASA)에서 우주인들이 가상현실 기술을 이용해 국제 우주 정거장에서 실행해야 할 임무를 배우고 있는 모습

우주 비행을 위해 특수 훈련을 받은 비행사

우주 공간과 지구는 중력이나 공기 분포, 기온 등의 환경이 서로 달라서 우주인들이 먼 우주 공간으로 날아가 주어진 임무를 수행하려면 복잡하고 힘든 훈련 과정이 필요하다. 우주인들이 우주 공간에 적응해야 하는 문제를 해결하기 위해 미국항공우주국(NASA)에서는 우주 가상 기술 센터를 만들어 국제 우주 정거장에서 해야 할 일들을 교육하고 있다.

이처럼 가상현실 기술은 상상 속에만 있는 공간 또는 현실에 존재하지만 체험하기 어려운 환경이나 장소, 시간 등을 실제처럼 보이게 하는 기술로서, 마치 체험자가 실제 주변 상황이나 환경과 상호작용하고 있는 것처럼 느끼고 조작할 수 있게 해 준다. 특수한 안경 등을 착용하여 실제 생활에서 직접 체험할 수 없는 상황이나 장소를 컴퓨터 소프트웨어 프로그램을 통해 가상으로 체험해 보는 것이다.

'가상현실(virtual reality; VR)'의 'virtual'은 '현실과 다름없는, 가상의'라는 뜻이다. 즉, 가상현실이란 실제 주변 상황 · 환경과 똑같이 만들어 낸 인공적인 환경을 의미하며 인공 현실, 사이버 공간, 가상 세계, 가상 환경, 합성 환경 등으로 불리기도 한다.

이와 같이 가상의 상황에서 현실의 세계와 똑같은 느낌이 들 수 있도록 시스템을 개발하고 디자인하는 직업을 가상현실 전문가라고 한다.

가상현실 기술의 활용 분야는?

미디어 분야	VR 영화 제작, 가상현실을 이용한 방송 영상 프로그램 제작, 가상현실 기술을 위한 경기 중계 등
교육 분야	과학이나 의학 분야에서의 실험 실습, 일대일 가상 학습을 통한 학습자 맞춤형 교육
의료 분야	VR 기기를 통해 원격 진료와 처방, VR 기기를 이용한 헬스케어 산업
기타 분야	반려동물을 키우는 게임, 비행기 조종 훈련, 가상의 모델하우스, 우주 여행 등

2. 가상현실 전문가가 하는 일

가상현실 전문가는 3D 모델링 및 VRML 등의 기술을 이용해서 게임이나 비행기 조종 훈련, 가상 모델하우스 등 다양한 분야의 가상 환경에서 현실감을 느낄 수 있도록 가상의 시스템을 개발하는 일을 한다.

VRML: 인터넷 문서에서 3차원 공간을 표현할 수 있는 그래픽스 데이터 기술 언어(확장자는 WRL)로, 텍스트 파일이며 전용 브라우저를 통해 구현됨

어떤 종류의 가상 세계를 만들 것인지 파악한 후 개발하려는 전체 시스템을 꼼꼼히 검토 · 분석하여 개발 방향을 기획하고 설정한다.

시스템 개발에 대한 기획안이 정해지면 이를 바탕으로 3차원 컴퓨터 그래픽 제어 기술을 활용하여 프로그래밍을 한다.

가상현실 공간에서 실감 나게 현실감을 느낄 수 있도록 각종 사물을 스케치하고 3차원 컴퓨터 그래픽 디자인 프로그램을 활용하여 색상이나 질감을 입히는 디자인 작업을 한다.

물체에 다양한 효과를 줄 수 있도록 Visual Basic, C++ 등의 컴퓨터 프로그래밍 언어를 사용하여 프로그램을 작성한다.

최종적으로 만들어진 가상현실 프로그램에 오류가 없는지 테스트하고 수정 작업을 거쳐 제품을 완성한다.

가상현실 전문가라는 직업은 다른 직업에 비해 임금과 복리 후생의 수준이 높고, 능력에 따른 승진 및 직장 이동의 가능성이 매우 큰 편이다. 또한, 근무 환경이 쾌적하고 육체적 스트레스는 적다는 장점이 있으나, 근무 시간이 길고 정신적 스트레스가 심한 편이다.

그것이 알고 싶다 '가상현실'이란 용어는 어디서 유래됐을까?

'가상현실(virtual reality)'이라는 용어는 프랑스의 극작가, 시인, 배우이자 연출가인 앙토냉 아르토(Antonin Artaud)의 책에서 극장을 묘사하는 단어로 '버추얼 리얼리티'를 사용한 것이 시초이다. 그 후 1980년대 후반에 미국의 컴퓨터 과학자인 재론 래니어(Jaron Lanier)에 의해 현재의 가상현실 개념을 뜻하는 단어인 '버추얼 리얼리티'가 널리 사용되기 시작했다. 1968년에 유타 대학의 이반 서덜랜드에 의해 최초의 가상현실 시스템인 헤드 마운티드 디스플레이(head mounted display; HMD)가 개발되었고, 1977년에는 MIT에서 만든 아스펜 무비 맵(aspen movie map), 즉 실제 거리로 가상여행을 떠날 수 있게 해주는 가상현실 시스템이 개발되었다.

아스펜 무비 맵

3. 가상현실 전문가에게 필요한 능력

가상현실 전문가는 사용자가 가상의 공간을 실제의 공간처럼 느낄 수 있게 만들어야 하므로 뛰어난 창의력과 가상현실 속 다양한 요소들을 현실감 있게 표현할 수 있는 예술적 감각이 요구된다. 그리고 현실 세계와 가상 세계를 종합적으로 비교 · 분석할 수 있는 분석력과 가상현실 속 여러 요소를 응용할 수 있는 능력 및 가상의 시간과 공간을 조화롭게 표현하기 공간 지각 능력도 갖추어야 한다.

일반적으로 프로그램 기획 및 디자인 작업 과정에는 다른 분야의 전문가와 함께 작업을 하는 경우가 많다. 따라서 원활한 의사소통 능력과 팀워크가 매우 중요한 역할을 한다.

또한 가상현실 전문가라는 직업을 꿈꾼다면 어려서부터 컴퓨터 활용 능력을 기르되, 그 중에서도 특히 컴퓨터 그래픽 프로그램을 잘 다룰 수 있으면 좋다. 컴퓨터 프로그래밍 및 미술 관련 동아리 활동, 창의력을 키워 줄 수 있는 다양한 체험 활동을 하는 것도 좋은 방법이다. 추리 소설이나 공학 및 컴퓨터 관련 독서 활동, 특히 교과 수업 활동을 통해 새로운 아이디어를 설계하고 구체화하여 발표할 수 있는 활동 등도 도움이 된다.

4. 가상현실 전문가와 관련된 학과 및 자격증

- **관련 학과**: 정보통신공학과, 전파통신공학과, 컴퓨터공학과, 컴퓨터과학과, 컴퓨터그래픽과, 컴퓨터디자인학과, 컴퓨터소프트웨어과, 컴퓨터응용제어과, 컴퓨터프로그래밍과
- **관련 자격**: 정보처리기사, 시각디자인산업기사, 시각디자인기사, 컴퓨터그래픽스운용기능사

5. 가상현실 전문가의 직업 전망

가상현실 시스템은 현재는 주로 게임이나 테마파크 등의 놀이 문화와 컴퓨터 시뮬레이션을 활용한 일부 분야에서 많이 사용되고 있지만 제조업이나 쇼핑, 군사, 교육 분야는 물론 고고학이나 건축, 미술, 음악, 의료 등 다양한 분야에서도 관련 기술이 활용되고 있다. 특히, 의료 분야의 경우 정신과적 치료에도 가상현실 기술이 사용되고 있다.

다양한 VR 콘텐츠를 체험할 수 있는 국내 최초 가상현실 테마파크 '인터파크 VR'

미래에는 로봇, 인공지능, 놀이기구 등을 이용한 가상현실 서비스들이 많이 늘어나고 영화, 게임, 오락, 산업 현장 교육 분야에 널리 활용될 것으로 예상되기 때문에 가상현실 전문가의 수요는 증가할 것으로 전망된다.

가상현실 시스템을 이용하기 위해서는 별도의 기기를 구매해야 하고, 사람에 따라 가상현실 체험 과정에서 메스꺼움이나 어지럼증 등을 느낄 수도 있다. 또한 뛰어난 몰입감으로 인해 중독 증상이 발생할 수도 있다. 가상현실 시스템의 대중화를 위해서는 이러한 부작용과 비용상의 문제 등을 해결해야 할 것이다.

그것이 알고 싶다 혼합현실(mixed reality)이란 무엇일까?

현실
(reality)

증강현실
(augmented reality)

증강가상현실
(augmented virtuality)

가상현실
(virtuality)

|← 혼합현실(mixed reality) →|

혼합현실이란 말 그대로 '다양한 방식을 혼합해 만들어낸 현실'이란 뜻이다. 위의 사진처럼 한쪽 끝에 현실이 있고 다른 쪽 끝에 가상현실이 있다고 하면 혼합현실은 그 사이에 존재할 수 있는 방식이다. 즉, 혼합현실은 '증강현실과 가상현실을 통합하고 사용자와의 상호작용을 더욱 강화한 방식'이다.

혼합현실을 가능하게 하려면 현실, 가상현실, 증강현실 정보를 동시에 보고 들으며 몰입감을 느낄 수 있게 해주는 장비가 필요하다. 현실 상황을 그대로 느끼는 동시에 현실에 없는 내용을 시각적으로 볼 수 있게 해주는 비디오 장치, 현실에 없는 소리를 청각적으로 들을 수 있게 해주는 오디오 장치가 그것이다. 다음으로 사용자 행동이 가상공간에 반영되도록 사용자의 움직임을 파악하는 센서와 이를 전달해 움직임의 결과 상황을 만들어내는 장치가 필요하다. 마지막으로, 혼합현실에 사용되는 모든 장비는 사용자가 착용하고 일상적 활동을 무리 없이 할 수 있을 만큼 구조적으로 간단하고 가벼워야 한다.

가상현실 전문가와 관련 있는 직업

가상현실 전문가와 관련있는 직업으로는 디지털 영상 처리 전문가, 음성 처리 전문가, 정보 시스템 운영자, 가상공간 디자이너, 컴퓨터 프로그래머 등이 있다.

○ 가상공간 디자이너

가상공간 디자이너는 가상현실 기술을 이용하는 사용자가 가상의 환경을 실제 현실처럼 느낄 수 있게 새롭고 흥미로운 엔터테인먼트 · 노동 · 학습 환경 등을 디자인하는 일을 한다.

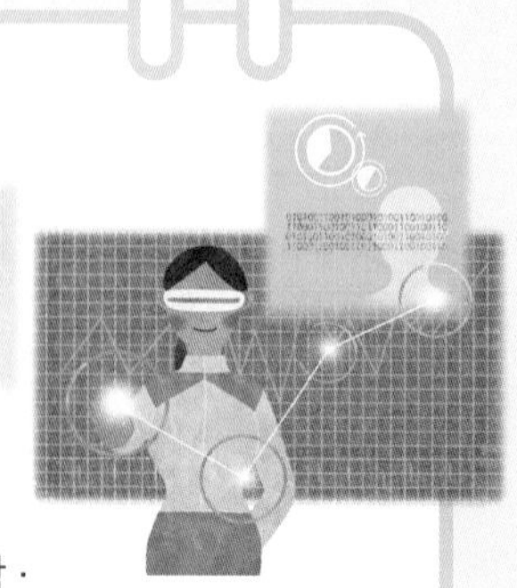

가상공간 디자이너는 무엇보다 건축에 대한 지식(공간을 디자인하는 능력)과 이야기 구성(스토리텔링) 능력이 필요하고, 사람이 시각 · 청각 · 촉각 · 후각같은 감각기관을 통해 주변 환경과 어떻게 소통하는지에 대해 정확히 이해하는 능력을 갖춰야 한다. 인간심리학과 행동과학 분야를 공부하면 도움이 된다.

가상현실 전문가

가상현실 전문가가 되는 데 특별히 전공의 제한은 없으나 전문대 및 대학교에서 전자공학과, 정보통신공학과, 컴퓨터통신공학과, 컴퓨터 디자인 관련 학과 등을 졸업하면 유리하다. 그러나 학력이나 전공에 상관없이 소프트웨어 개발에 흥미를 갖고 스스로 공부해서 취업에 성공한 사람들도 많이 있다.

졸업 후에는 주로 공개 채용이나 특별 채용을 통해 가상현실을 다루는 게임, 영화, 교육, 산업 현장 교육 훈련 업체나 관련 사설 연구소로 취업을 하게 된다. 그 외 일부 연구소에서 근무하는 연구원의 경우 석사 이상의 학력을 요구하기도 한다.

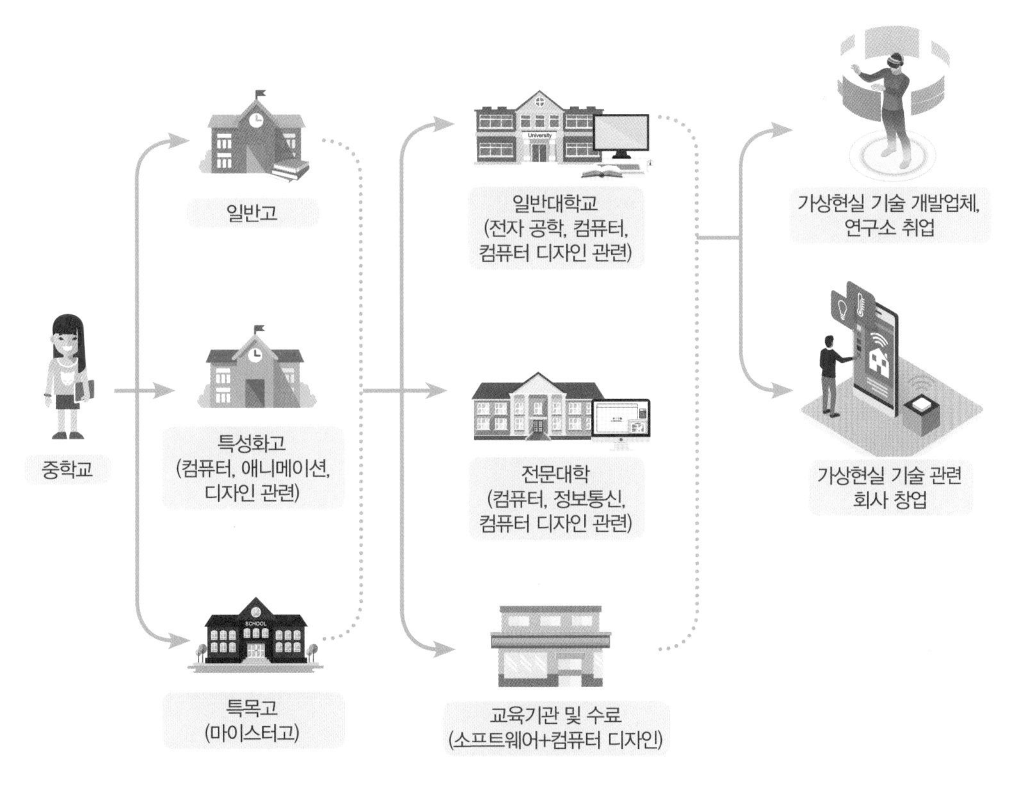

△ 가상현실 전문가의 커리어 패스

컴퓨터응용제어과

컴퓨터응용제어과는 전기 공학과 계측제어 공학에 대한 전반적인 기초 이론 및 현장 실무 중심의 실습을 통하여 전기기기 및 전력전자, 자동제어 및 계측제어, 마이컴제어, PLC 제어 등의 첨단 기술을 습득하여 전기자동제어 분야의 창의적인 전문 기술 인력 양성을 교육 목표로 하는 학과이다. 기계 공학의 전반적인 지식을 바탕으로 도면 해독 능력 배양, 창의적 설계를 위한 사고력 및 응용력 배양, CAD 설계 능력 배양 등으로 현장 적응력을 갖춘 전문인을 양성한다.

가상현실 전문가, 네트워크 엔지니어, 데이터베이스 관리자, 시스템 소프트웨어 개발자, 시스템 엔지니어, 컴퓨터 공학 기술자, 컴퓨터 시스템 설계 분석가, 통신 장비 기사, 펌웨어 프로그래머 등

평소 통신, IT 기기, 컴퓨터 작동에 흥미가 있다면 이 학과에 관심을 가져볼 만하다. 특히, 통신 기기나 컴퓨터를 다루는 실력이 뛰어나면 학과 공부에 많은 도움이 된다. 논리적인 사고력과 과학적인 응용력 및 정확한 판단력, 기계나 사물의 원리에 대한 호기심과 탐구심도 요구된다.

컴퓨터제어과,
컴퓨터응용기계공학과,
컴퓨터응용기계계열,
컴퓨터시스템과,
컴퓨터시스템공학과,
유비쿼터스IT과

중·고등학교
학교생활 포트폴리오

★동아리 활동★

컴퓨터나 과학 및 로봇, 방송반과 관련된 동아리 활동을 통해 정보 통신과 관련하여 많은 경험을 쌓는 것이 중요하다.

★봉사 활동★

지속적인 봉사 활동을 권장하고, 경로당이나 보육원 등에서 컴퓨터를 가르치는 봉사 활동도 많은 도움이 된다.

★독서 활동★

정보, 컴퓨터, 공학 등 전공과 관련한 폭넓은 독서 활동 및 최신 IT 관련 잡지를 구독하는 것을 권장한다.

★교과 공부★

과학, 정보, 기술 · 가정 등의 이공계 관련 교과 실력 향상에 힘쓰고, 관련 분야의 학업 역량을 발휘하는 데 노력한다.

★교외 활동★

컴퓨터 프로그래밍 학원 수강, 컴퓨터 및 정보 통신 전시회 및 직업 체험 프로그램에 적극 참여한다.

※ 수학, 정보, 과학 관련 교과 수상 경력이나 외부에서 주관하는 각종 정보 및 컴퓨터 관련 수상 실적이 도움이 된다.

자격 및 면허

★국내 자격★

정보처리기사, 정보통신기사, 정보보안기사, 네트워크관리사, 리눅스마스터, 디지털제어산업기사, 전파전자기사, 전자계산기기사, 반도체설계기사, 전자회로설계산업기사, 전파통신기사, 전자계산기조직응용기사, 기계설계산업기사, 기계조립산업기사, 산업안전산업기사, 컴퓨터응용가공산업기사

★해외 자격★

MCSE, CCNA, OCP, SCNA, SCJP, CISA, CISSP

진출 분야

★연구소★

정보 보안 시스템 구축 분야, 임베디드 시스템 분야, ICT 빅데이터, 인공지능, 가상현실, 증강현실, 임베디드 소프트웨어, 사물 인터넷 관련 기업, 방송국, 이동통신업체, 레이저 기지, 통신기기 제조업체, 정보 통신 설비 제작업체 등

★정부 및 공공 기관★

전자 정보 통신 관련 공무원, 국영 기업체, 한국전자통신연구원, 정보통신정책연구원, 한국전파진흥원, 정보통신산업진흥원 등

INVESTIGATIVE·탐구형 I

02 게임 프로그래머

1. 게임 프로그래머의 세계

게임이 만들어지는 과정

온라인 게임 '피파 온라인'의 한 장면

전 세계적으로 뜨거운 관심이 쏠리는 월드컵 대회의 인기만큼이나 축구를 소재로 한 게임도 인기가 많은데, 대표적인 게임이 '피파 온라인'이다. 이 게임은 사실에 가까운 그래픽 기술을 통해서 선수들의 얼굴이나 행동을 게임 속에 표현해내고, 실제 축구와 가깝게 팀플레이도 가능하며, 경기장의 관중이나 카메라맨, 보안요원의 복장, 유니폼에 들어가 있는 등 번호의 작은 로고까지도 실제처럼 현실감 있게 구현하고 있다.

이러한 하나의 게임이 완성되기까지는 여러 단계를 거친다. 일단 새로운 아이디어를 바탕으로 기획서를 작성하고 게임 시나리오와 배경 스토리를 구성한다. 이후 게임 그래픽 작업과 프로그램 개발이 이루어지고 각종 배경 음악을 비롯한 사운드 작업이 진행된다. 마지막으로 제대로 게임이 작동하는지 테스트 과정을 거친 후 게임 이용자들에게 공개된다.

그런데 게임 사용자들의 호기심을 자극하는 멋진 아이디어와 매력적인 게임 캐릭터들, 그리고 게임 욕구를 불러일으키는 사운드까지 갖추어졌더라도 결국 프로그램이 완성되지 못한다면 게임으로서 아무런 가치가 없을 것이다. 게임 프로그래머는 바로 이 게임 프로그램을 완성하는 사람으로, 게임 기획 단계에서부터 완성까지의 전 개발 과정에 개입하여 매우 중요한 역할을 담당한다.

2. 게임 프로그래머가 하는 일

게임은 각 해당 분야의 다양한 전문가들의 상호 협력을 바탕으로 완성된다. 이 중에서 게임 프로그래머는 게임의 구조를 설계하고 사운드 효과와 그래픽 효과 등을 종합적으로 결합하여 최종적으로 하나의 게임을 완성하는 일을 한다.

게임 프로그래머

- 게임 제작을 위해 필요한 엔진을 개발한다.
- 게임 속 영상을 컴퓨터 모니터에 나타내는 데 필요한 각종 명령어, 그래픽 효과, 입력 장치 제어 루틴*, 툴(도구) 등을 제작한다.
- 게임 속에서 그래픽 파일이나 사운드 파일이 정상적으로 동작할 수 있도록 프로그램을 작성한다.
- 게임의 몰입도를 높여 주는 그래픽 특수 효과를 제작한다.
- 플레이어가 게임을 즐기면서 메시지를 전달할 수 있도록 키보드, 마우스 등의 입력 장치 제어 루틴을 제작한다.
- 최신 게임 개발 기술에 관해 연구하고, 응용할 수 있는 방법을 연구한다.
- 게임을 테스트하여 에러를 수정하고 버그를 찾아낸다.

*컴퓨터 시스템 내부로 자료와 명령어를 읽어 들이는 것을 제어하는 것

게임 엔진이란?

게임 엔진이란 컴퓨터 · 비디오 게임과 같이 실시간으로 게임 내용이 그래픽으로 나타나 상호 게임을 즐길 수 있게 만들어 주는 소프트웨어의 구성 요소이다. 컴퓨터 게임 개발에 가장 기본이 되는 기술을 제공하여 개발 과정을 줄여 주고, 다양한 환경에서 게임을 실행할 수 있게 해 준다. 게임 엔진은 여러 종류의 게임에 사용할 수 있도록 개발한다. 게임 개발에 있어 가장 기초적인 역할을 하므로 게임 엔진을 배운다는 것은 게임 프로그래머의 가장 기본적인 실무 역량을 배운다는 것을 의미한다.

이처럼 게임 프로그래머는 게임을 개발하는 핵심적인 역할을 맡은 아주 중요한 사람으로, 최신 게임과 관련된 기술에 항상 관심을 가지고 이것을 활용한 응용 방법을 연구하는 등 새로운 게임을 만들기 위해 끊임없이 노력하는 자세가 필요한 직업이다.

그것이 알고 싶다 게임 프로그래머에는 어떤 종류가 있을까?

종류	하는 일
물리 프로그래머	현실 세계와 같은 물리 현상을 게임 플레이에 접목해서 사실감 있는 게임을 만드는 역할
사운드 프로그래머	게임 내 모든 사운드 처리를 담당하며 기획한 콘셉트에 따라 효과음이나 배경음이 적절하게 출력될 수 있도록 조절하는 역할
렌더링 프로그래머	게임 화면에 나오는 모든 업무를 담당하며 게임 엔진으로 구현한 기능들이 게임에서 잘 돌아갈 수 있도록 최적화하는 역할
툴 프로그래머	게임 내에서 사용될 텍스처(질감)나 모델은 기본적으로 포토샵, 맥스, 마야 등과 같은 그래픽 프로그램을 이용해서 제작하는데, 이들은 게임에서 바로 사용하지 못하므로 이 데이터를 게임 제작에 사용될 수 있도록 별도로 만드는 에디터를 제작하는 역할
AI(인공지능) 프로그래머	게임 내 등장하는 생명체들이 지능적으로 움직일 수 있게 해 주는 역할
애니메이션 프로그래머	게임 원화가가 만든 캐릭터의 동작들을 게임 내에서 사용하기 위한 로직을 만드는 역할
서버 프로그래머	네트워크 게임에서 게임을 위한 서버(가상 세계)를 구축하고 게임 클라이언트가 보내주는 데이터를 처리하는 역할

3. 게임 프로그래머에게 필요한 능력

게임 프로그래밍은 공학 및 과학의 기초 지식을 바탕으로 하므로, 게임 프로그래머는 논리력과 창의력을 갖추어야 하고 컴퓨터와 기계를 다루는 것에 흥미가 있어야 한다. 각종 소프트웨어를 응용하고 새로운 게임을 개발하기 위해서는 창의적인 사고와 새로운 분야에 대한 호기심이 요구되며 뛰어난 상상력과 아이디어, 꼼꼼함, 섬세함 등도 갖춰야 한다. 또한 게임은 혼자서 만드는 것이 아니고 여러 사람이 서로 협력하며 만들기 때문에 팀워크가 굉장히 중요하다. 따라서 대인 관계 능력과 의사 결정 능력, 책임감 등도 갖추어야 한다.

게임 프로그래머라는 직업에 관심이 있다면 평소 게임에 대한 각종 정보를 지속적으로 수집하여 최신 동향을 이해하려는 노력을 해야 한다. 게임 분야는 변화의 속도가 빠르고 새로운 종류의 게임들이 계속해서 개발되어 나오기 때문에 이러한 노력은 큰 도움이 된다.

게임 프로그래밍과 가장 관련이 있는 학문은 수학과 물리이다. 특히 수학이 매우 중요하므로 게임 프로그래머에 관심이 있다면 학창 시절부터 수학 공부에 큰 노력을 기울

일 필요가 있다. 또한, 게임 프로그래머에게 있어 가장 기본적인 프로그래밍 언어라고 할 수 있는 C++과 최근에 많은 인기를 끌고 있는 파이선 등의 프로그래밍 언어는 공부해 놓는 것이 좋다. 포토샵, 프리미어 등의 그래픽 프로그램도 다룰 줄 알아야 한다.

파이썬(Python)이란?

파이썬은 높은 생산성을 가지고 있는 오픈 소스 프로그래밍 언어로, 네덜란드 개발자 귀도 반 로섬(Guido van Rossum)이 개발했다. 문법 구조가 간결하고 명확하며, 표현하는 구조도 사람이 대화하는 형식을 이용하므로 초보자도 쉽게 배울 수 있다. 또한 외부에 풍부한 라이브러리가 있어 웹 개발, 데이터 분석, 머신 러닝, 그래픽, 학술 연구 등 다양한 분야에 활용되고 있다.

4. 게임 프로그래머와 관련된 학과 및 자격증

- **관련 학과:** 게임모바일콘텐츠학과, 임베디드소프트웨어학과, 게임공학과, 컴퓨터소프트웨어공학과, 인터넷소프트웨어학과, 게임에니메이션학과, 컴퓨터게임제작과
- **관련 자격:** 정보처리기사, 정보처리산업기사, 멀티미디어콘텐츠제작전문가, 리눅스마스터, 네트워크관리사, 컴퓨터그래픽스운용기능사

5. 게임 프로그래머의 직업 전망

온라인 게임 산업은 전 세계 시장에서 외화를 벌어들이는 우리나라의 대표적인 고부가가치 산업이다. 이미 우리나라 업체가 제작한 다수의 온라인 게임이 외국에서 인기를 끌고 있으며, 우리나라의 게임 개발 수준도 상위권에 속하는 것으로 평가받고 있다.

게임 산업은 현재도 계속 성장하고 있고 새롭게 게임을 개발하고자 하는 회사들도 늘어나고 있으므로 게임 프로그래머의 고용 전망은 밝을 것으로 예상된다. 특히 게임 중에서도 스마트폰을 이용한 모바일 게임이 유망한데, 따라서 이 분야의 게임 프로그래머 수요도 증가할 것으로 전망된다.

우리나라는 세계 최고 수준의 디지털 콘텐츠 산업 능력을 갖춘 것으로 평가받고 있다. 특히 게임 산업은 디지털 콘텐츠 산업 중에서 가장 높은 평가를 받는 분야이므로 게임 프로그래머의 장래는 밝을 것으로 예상된다.

그것이 알고 싶다 온라인 게임의 종류에 대해 알아볼까?

❶ 아케이드 게임

아케이드는 백화점, 상가를 의미하는 단어로 사람들의 통행이 잦은 곳에 있는 게임센터 등에서 사용하기에 적합한 업소용 게임을 말한다. 짧은 시간 내에 게임에 몰입하게 하는 특징이 있다.

❷ 롤플레잉 게임

롤(role)은 역할, 임무를 뜻한다. 롤플레잉 게임에는 주인공을 비롯해서 기사, 성직자, 도둑, 마법사 등 다양한 직업의 동행자들이 등장하는데 이를 파티(party)라 부른다. 롤플레잉 게임은 설정된 세계 속에서 주인공이 파티를 이끌고 다니며 주어진 문제를 해결하는 형식이다.

❸ 어드벤처 게임

주어진 문제를 해결하기 위해 모험을 즐기게 하는 형식으로 만든 게임이다. 롤플레잉 게임과 소재에 있어서 비슷하나, 스토리 전달 면에 있어서 차이가 있다.

❹ 시뮬레이션 게임

시뮬레이션 게임은 게임 속에서 모의실험(훈련)을 통해서 현실감을 느낄 수 있도록 만든 게임이다. 전략, 레이싱, 스포츠, 비행 분야의 시뮬레이션 게임의 이용률이 높은 편이다.

❺ 비트 게임

가장 최근에 등장한 게임 장르로 음악의 박자에 맞춰 정해진 행동을 하는 게임이다. DJ, 댄스, 악기 연주 등 다양한 게임이 있다.

게임 프로그래머와 관련 있는 직업

게임 프로그래머와 관련 있는 직업으로는 게임 기획자, 게임 시나리오 작가, 그래픽 디자이너, 사운드 디자이너, 베타테스터 등이 있다.

게임 프로그래머

게임 프로그래머가 되기 위해서는 컴퓨터게임제작과가 개설된 특성화고등학교나 전문대학 · 대학의 컴퓨터 공학이나 게임 관련 학과에 진학하면 된다. 또한 게임 전문가를 양성하는 공공 교육 기관이나 학원, 게임 아카데미, 평생교육원 등의 사설 교육기관에서도 교육을 받을 수 있다.

대학에서는 게임학과, 컴퓨터공학과, 소프트웨어공학과, 전산학과, 수학과 등을 전공하는 것이 좋다. 이들 학과에서는 게임 프로그래머가 갖추어야 할 게임 기획, 게임 연출, 게임 프로듀싱, 게임 시나리오 작성, 게임 그래픽 디자인, 게임 프로그래밍, 게임 음악 등에 대해 전문적이고 체계적인 교육을 받는다. 게임 프로그래밍은 온라인 게임, 모바일 게임, 비디오 게임 중 어떤 게임을 개발하느냐에 따라 필요한 능력에 차이가 있는데, 최근 관심이 높아진 3D 온라인 게임이 가장 높은 수준의 프로그래밍 실력이 요구된다.

게임 프로그래머들이 주로 진출하는 분야는 게임 제작업체, 소프트웨어 개발업체, 영화사, 광고 제작업체, 출판사, 애니메이션 제작업체, 컴퓨터 활용 분야, 게임 프로그램, 솔루션 개발 등이 있다.

일정 기간 프로그래머로 활동하면서 업무 수행 능력이 생기면 웹 프로그래머나 소프트웨어 개발자, 모바일 게임 프로그래머 등으로의 전직도 가능하다.

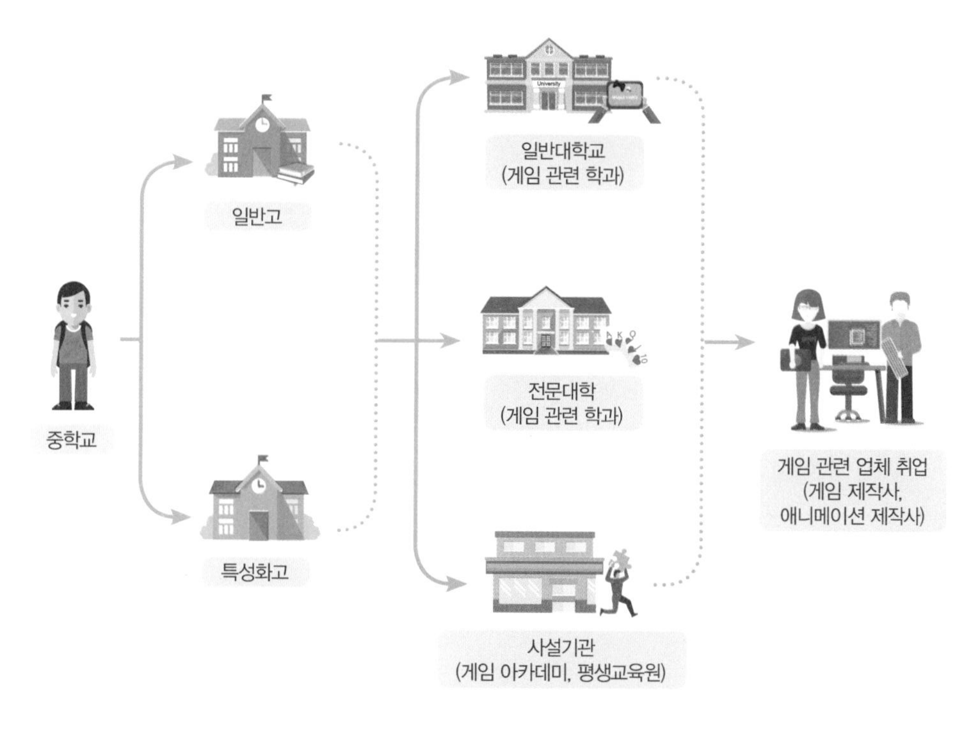

△ 게임 프로그래머의 커리어 패스

게임공학과

학과 소개

게임 공학은 네트워크 기술, 프로그래밍, 디지털 콘텐츠 기술을 종합적으로 다루는 분야로서 21세기 문화 콘텐츠의 핵심으로 떠오르는 학문이다. 게임공학과는 미래 게임 문화 산업이 요구하는 게임 소프트웨어 개발, 디지털 게임 개발에 필요한 예술성 · 기술성 · 창의성 · 아이디어와 기술의 결합을 통한 게임 프로그래밍, 미디어 융합 등의 교육을 통해 컴퓨터 및 IT 분야에서 필요로 하는 창의적인 전문 인력 양성을 교육 목표로 한다.

진출 직업

게임 기획자, 컴퓨터 게임 프로그래머, 게임 프로그래머, 네트워크 프로그래머, 모바일 콘텐츠 개발자, 시스템 소프트웨어 개발자, 컴퓨터 프로그래머, 방송 광고 디자이너, 효과 음악 작곡자, 멀티미디어 디자이너, 애니메이션 디자이너, 게임 디렉터, 게임 분석가, 게임 비평가, 게임 마케터, 게임 아나운서, 멀티미디어 콘텐츠 제작자, 웹 프로그래머 교수 등

적성 및 흥미

공학 및 과학의 기초 지식을 바탕으로 컴퓨터를 다루는 것을 좋아해야 한다. 각종 소프트웨어를 응용하고 새로운 게임을 개발하기 위해서는 창의적인 사고와 새로운 분야에 대한 호기심도 요구된다. 수학과 물리는 게임공학과의 가장 기본이 되는 학문으로 노력을 많이 해야 한다.

관련 학과

컴퓨터정보처리학과, 컴퓨터정보공학과, 컴퓨터과학과, 컴퓨터프로그래밍과, 게임모바일콘텐츠학과, 임베디드소프트웨어학과, 컴퓨터소프트웨어공학과, 인터넷소프트웨어학과, 게임에니메이션학과, 게임그래픽디자인전공, 게임멀티미디어학과, 게임소프트웨어전공, 게임콘텐츠학과, 게임학과, 유비쿼터스게임공학과 등

중·고등학교 학교생활 포트폴리오

★동아리 활동★

컴퓨터 및 프로그래밍, 게임과 관련한 동아리 활동을 통해 전공과 관련한 많은 지식과 경험을 쌓을 것을 권장한다.

★봉사 활동★

자기 주도적이고 지속적인 봉사 활동을 권장한다. 컴퓨터를 가르치는 봉사 활동도 많은 도움이 된다.

★독서 활동★

프로그래밍과 관련된 폭넓은 독서 활동을 권장한다. 해당 분야의 최신 기술, 게임과 관련된 신문이나 잡지 등을 구독하면 도움이 된다.

★교과 공부★

수학, 과학, 정보, 기술 · 가정 등 이공계 관련 교과 실력 향상에 힘쓰고, 관련 분야의 학업 역량을 발휘하는 데 노력한다.

★교외 활동★

컴퓨터 프로그래밍 학원 수강, 컴퓨터 및 게임 관련 전시회 및 직업 체험 프로그램에 적극 참여한다.

※ 수학, 과학, 정보, 기술 · 가정 교과 수상 경력 및 교내 컴퓨터 경진 대회 수상 실적도 도움이 된다.

자격 및 면허

게임프로그램전문가, 게임그래픽전문가, 게임기획전문가, 멀티미디어전문가, 정보처리기사, 컴퓨터그래픽운용기능사, 정보처리산업기사, 멀티미디어콘텐츠제작전문가, 리눅스마스터, 네트워크관리사 등

진출 분야

★기업체★

디지털 광고 회사, 소프트웨어 개발업체, 게임 개발업체, 인터넷 및 모바일 콘텐츠 개발업체, 스마트 앱 개발업체, 시스템 관리업체 등

★정부 및 공공 기관★

전산 관련 국영 기업체 및 공무원, 각종 연구소, 벤처 창업 및 프리랜서, 광고 및 방송영상 관련 업체 등

INVESTIGATIVE • 탐구형 I

03 나노 공학 기술자

1. 나노 공학 기술자의 세계

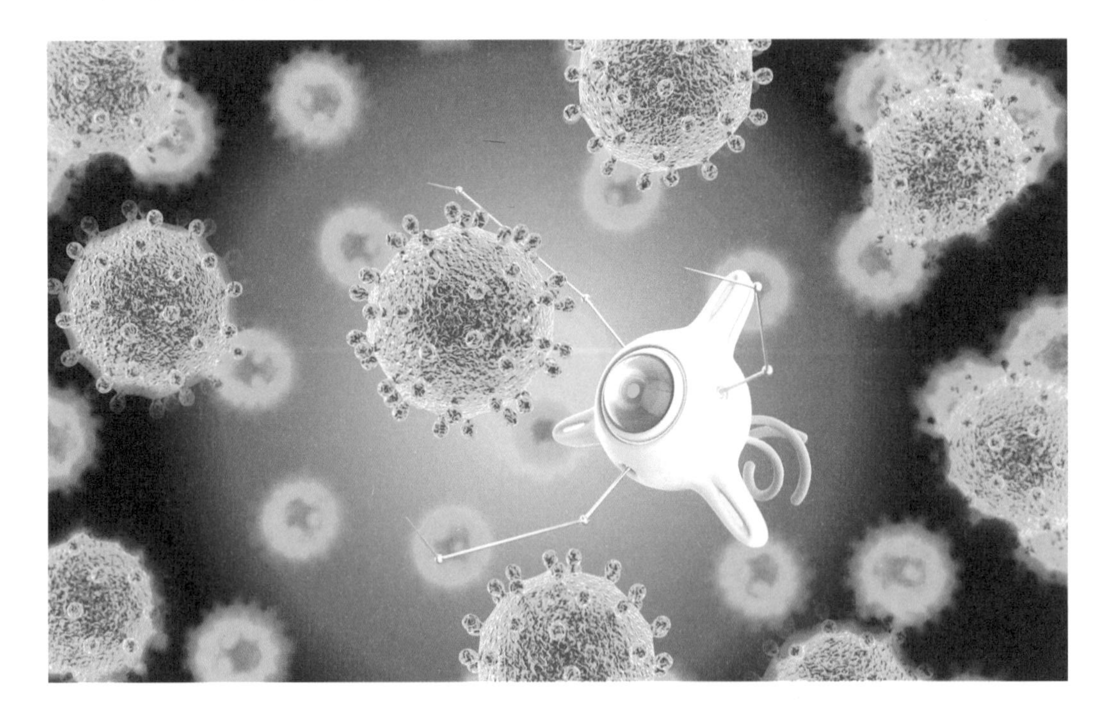

영화 속에서 펼쳐지는 상상의 세계를 살펴보면 미래 생활에 대한 인간의 꿈을 알 수 있다. 시간과 공간을 여행하는 장치, 인간의 몸에 들어가 각종 질병을 치료하는 의료 로봇, 사랑하는 사람의 마음을 이식한 컴퓨터 등 영화에 등장하는 각종 공상 과학 기술들은 우리의 삶을 더욱 풍요롭게 하고자 하는 인간의 의지를 보여준다. 영화처럼 세포보다 더 작은 의학용 로봇이 등장한다면 우리 몸의 질병 세포를 매우 효율적으로 치료할 수 있는데, 이런 미래 모습을 가능하게 하는 기술이 바로 나노 기술이다.

1나노는 마이크로의 1/1000인 10억 분의 1의 크기이다. 이는 사람 머리카락 굵기의 10만분의 1일 정도로 가늘고, 물벼룩보다 100만 배 더 작으며, 우리 몸의 기본 물질이라고 할 수 있는 단백질과 DNA 등의 크기와 비슷한 아주 작은 크기이다. 나노 기술은 이렇듯 아주 미세한 물질을 조작하고 제어하는 기술로 활용 범위가 무궁무진하여 기존의 전통 산업과 생명공학 기술이나 정보 기술, 우주 항공 기술, 환경 공학 기술 등과 서로 융합하여 우리 생활을 변화시키는 미래 성장 산업의 원동력이 되는 기술이다. 이러한 나노 기술을 이용한 나노 소재를 연구 · 개발하고 다양한 나노 제품을 만드는 사람이 나노 공학 기술자이다.

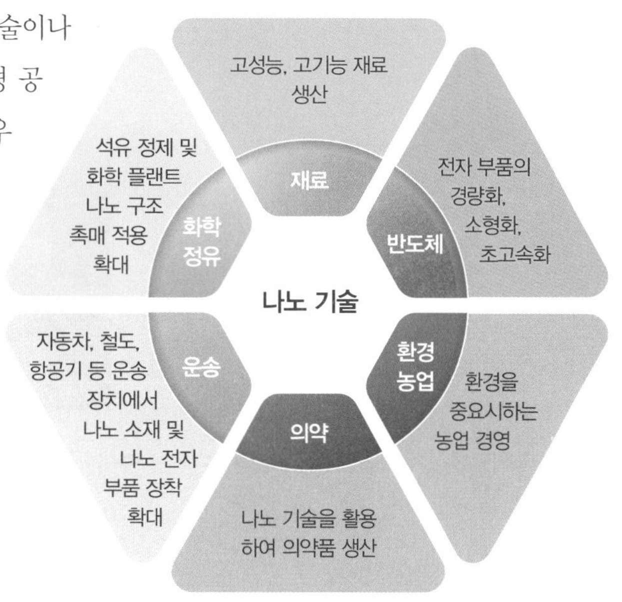

▲ 나노 기술의 무궁무진한 활용

2. 나노 공학 기술자가 하는 일

새로운 기술이 융합되는 4차 산업 혁명 시대에 나노 기술은 반도체 분야를 시작으로 전자와 정보 통신, 기계, 화학, 바이오, 에너지, 생명 공학 등 거의 모든 산업에 응용되고 있으며, 그에 따라 나노 공학 기술자의 하는 일도 매우 다양해지고 있다.

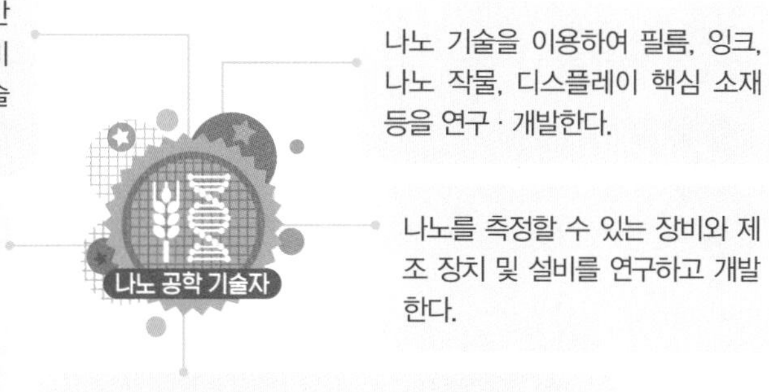

나노 기술로 만들어진 물질은 크기가 아주 작은 만큼 인체에 쉽게 들어오고 반응도 빨리 나타날 수 있으므로 건강 및 안전과 관련하여 충분한 검토가 이루어져야 하고, 나노 물질의 사용으로 인한 환경오염 가능성에 대해서도 늘 주의를 기울여야 하는데, 이 또한 나노 공학 기술자의 역할이라고 할 수 있다.

3. 나노 공학 기술자에게 필요한 능력

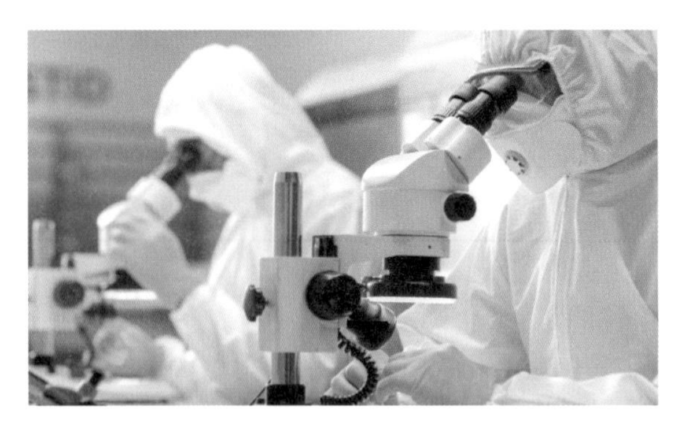

나노 공학 기술자는 각종 소재가 가지고 있는 근본적인 성질을 밝혀내고, 그 소재들의 특성을 응용하여 새로운 물질을 만들어 내는 일을 하므로 분석적인 사고 능력과 혁신적인 성향을 가진 사람에게 적합하다. 또한 물리적 · 생물학적 현상들에 대한 호기심과 관찰력, 문제 해결을 위한 창의력, 수리적 사고 능력도 필요하다. 사물이나 도구, 기계와 동물들을 이용해 측정 및 분석 업무를 하는 경우도 많아 인내력이 요구되며, 기초 과학 분야에 대한 지식도 필요하다.

나노 공학은 물리학, 화학, 생물학, 공학에 이르기까지 여러 학문이 서로 융합되어 기술 개발이 진행되기 때문에 다양한 분야의 사람들과 함께 연구를 진행해야 한다. 따라서 원만한 대인 관계 능력과 협력하는 태도도 매우 중요하다.

우리 조상들도 나노기술을 이용했다는데?

우리 조상들은 오래전부터 천연 제습제로 숯을 사용했는데, 여기에는 나노 기술이 숨어 있다. 숯은 나무를 태워서 수분이 모두 날아가고 섬유질만 남은 탄소 물질로서, 나무 숯 1g 속에 있는 공간의 표면적은 약 300㎡ 정도 된다고 한다. 이처럼 공기 구멍을 가진 숯은 수분과 작은 먼지를 빨아들이는 성질이 뛰어나기 때문에 천연 제습제와 보습제로 사용되고 있다. 숯은 팔만대장경을 보존하는 데도 사용되었으며, 현대에는 반도체 공장의 공기 정화와 오염된 물을 정화시키는 첨단 필터로 널리 사용되고 있다.

4. 나노 공학 기술자와 관련된 학과 및 자격증

- **관련 학과**: 재료공학과, 생명나노공학과, 금속공학과, 신소재공학과, 무기재료공학과, 응용소재공업과, 신소재응용과, 세라믹공학과, 전자재료공학과, 항공재료공학과, 재료정보과, 응용화학공학과, 화공생명학과, 나노화학공학과 등
- **관련 자격**: 기계조립기능사, 기계조립산업기사, 생산자동화기능사, 전기기능사, 정밀측정기능사, 기계조립기능사, 생산자동화기능사, 비파괴검사기술사, 세라믹기술사 등

그것이 알고 싶다 영화 속 나노 기술

영화에는 나노 기술을 활용한 장면이 자주 등장한다. '스파이더 맨'에서 악당 닥터 옥토퍼스(Dr. Octopus)가 로봇 팔을 조정할 때 사용한 나노선, '터미네이터 3'에서 나노 기술에 기반을 둔 신형 터미네이터가 주인공을 공격하는 장면, '이너 스페이스'에서 주인공이 초소형 잠수함을 타고 사람 몸속을 다니는 장면, '마이너리티 리포트'의 나노 소재로 된 전자 종이 신문, 그리고 '아이언맨'이나 '스파이더맨' 등과 같은 히어로 영화에 등장하는 전투력 막강한 수트 등도 나노 기술이 있었기에 가능한 연출이다.

영화 '어벤져스 인피니티 워'에는 나노 기술을 활용해 고성능, 고효율의 수트를 입고 활약하는 히어로가 등장한다.

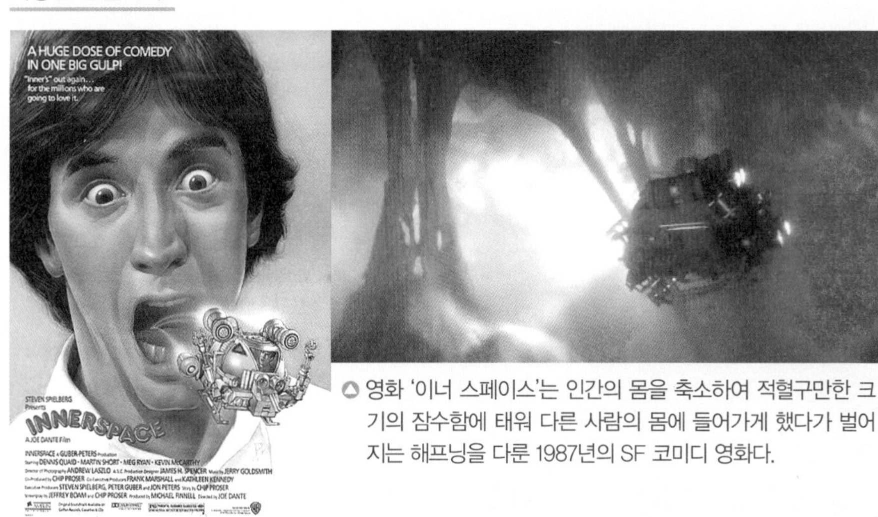

영화 '이너 스페이스'는 인간의 몸을 축소하여 적혈구만한 크기의 잠수함에 태워 다른 사람의 몸에 들어가게 했다가 벌어지는 해프닝을 다룬 1987년의 SF 코미디 영화다.

5. 나노 공학 기술자의 직업 전망

나노 기술의 활용 범위는 앞으로 더욱 확대되어 산업 발전에 크게 영향을 미칠 것으로 보인다. 예를 들면 현재 개발된 웨어러블 기기에 나노 기술이 적용되면 지금보다 더 획기적으로 크기와 무게를 줄여 보다 간편하게 착용할 수 있게 될 것이고, 연산 속도나 무선 통신 속도도 수천 배 빨라질 것이다. 배터리는 소형 연료 전지나 태양 전지로 작동하여 장시간 사용할 수 있게 될 것이며, 데이터의 입력이나 명령은 복잡한 키보드 대신 음성을 통해 이루어질 것이다.

현재의 나노 기술 수준은 본격적인 나노 기술 제품 연구 및 개발 단계이며, 세계 각

나라에서 나노 기술의 산업화를 위해 각종 지원을 하고 있기 때문에 앞으로 나노 기술이 적용된 제품과 산업의 규모는 급속히 성장할 것으로 예상된다. 우리나라에서도 정부에서 소재 분야를 지원하기 위해 나노 핵심 연구 개발 사업, 부품 소재 기술 개발 사업과 차세대 신기술 사업 등 다양한 지원 사업을 전개하고 있다. 뿐만 아니라 차세대 핵심 기술로 NT(나노 기술)를 선정하여 중점적으로 육성 · 지원하고 있다.

이렇듯 나노 과학의 중요성과 관심은 날로 증가하고 있다. 신기술 개발에 대한 가능성, 금속 · 재료 · 화학 분야 등과 융합하여 전기 · 전자 기술의 적용, 화학과 바이오가 융합된 기술의 변화 등 융합적 인재에 대한 수요가 큰 분야여서 융 · 복합 시대에 맞는 교육과 정책 지원이 이뤄지면서 관련 일자리도 늘어날 전망이다.

그것이 알고 싶다 나노 기술은 과연 안전할까?

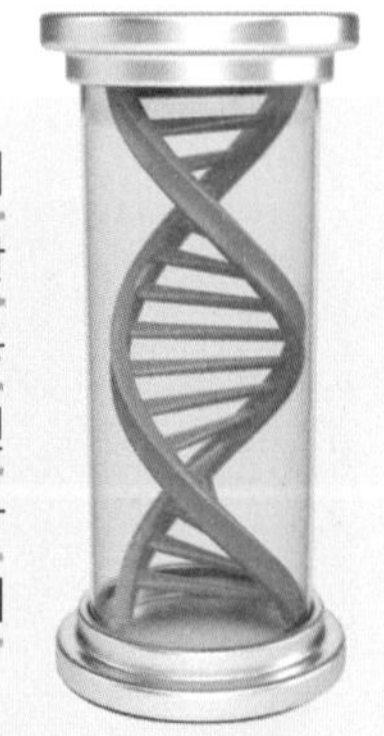

자외선이나 세균으로부터 안전한 식료품, 자외선 차단 또는 노화 방지 기능이 있는 미용 제품, 더욱 단단해진 테니스 라켓 등 오늘날 우리 생활 영역에 많은 나노 기술이 적용되고 있다. 그러나 이러한 나노 기술이 적용된 나노 물질의 안정성에 많은 의문이 제기되고 있다. 특히 나노 물질이 인체 내에서 독성을 일으킬 수 있다는 것이 여러 실험에서 증명되고 있다. 나노 입자는 크기가 아주 미세하기 때문에 우리 몸 안 순환기를 통해 쉽게 체내 장기에 퍼질 수 있으며, 여러 장기에서 인체 독성이 경고되고 있다.

나노 물질의 사용에 있어서 가장 우려되는 것 가운데 하나가 식품 내 사용이다. 나노 물질은 음식의 맛과 질감을 향상시키고, 식품의 저장기한을 연장하기 위해서 사용된다. 식품 분야의 나노 물질로 인한 인체 노출은 나노 물질이 함유된 식품을 섭취하거나 나노 물질이 포함된 식품 포장을 사용함으로써 발생한다.

이러한 나노 기술의 피해를 예방하기 위해 세계 각국에서는 나노 물질과 나노 기술이 적용된 제품에 대해 나노 제품 표시 의무나 시장에 판매되기 전 승인 과정을 거치게 하는 등의 대책을 세우고 있지만, 아직은 국제적으로 통일된 합의를 보지 못하고 있다.

나노 기술의 안전한 사용을 위해서는 인체에 일어날 수 있는 부작용을 해결하려는 적극적인 대책이 필요하며, 나노 산업의 지속적인 발전과 국민 건강과 생태계 보호라는 예방적 차원의 노력을 함께 기울여야 한다.

나노 공학 기술자와 관련 있는 직업

나노 공학 기술자와 관련 있는 직업은 나노 소자 기술자, 나노 바이오 기술자, 나노 소재 기술자, 나노 공정 기술자 등이 있다.

나노 공학 기술자

나노 공학은 아주 미세한 나노 크기의 영역을 연구하기 때문에 자연 과학(물리, 화학, 생명)이나 공학(신소재, 화학 공학, 전자 공학, 기계 공학 등)과 모두 관련되어 있다. 나노 공학 기술자가 되려면 대학의 공학 계열에서 나노 공학이나 재료 공학을 전공한 후 대학원의 석사 이상을 졸업하는 것이 유리하다.

졸업 후에는 제철소 · 철강 제조회사 · 시멘트 등의 회사나 전자, 조선, 자동차, 항공기, 반도체, 의학, 각종 정부 기관과 연구소, 교육 기관 등에서 나노 기술 연구와 개발 업무 등을 담당한다. 나노 공학 분야의 연구원을 모집하는 기관이나 연구소의 경우 석사 이상의 학력을 요구한다.

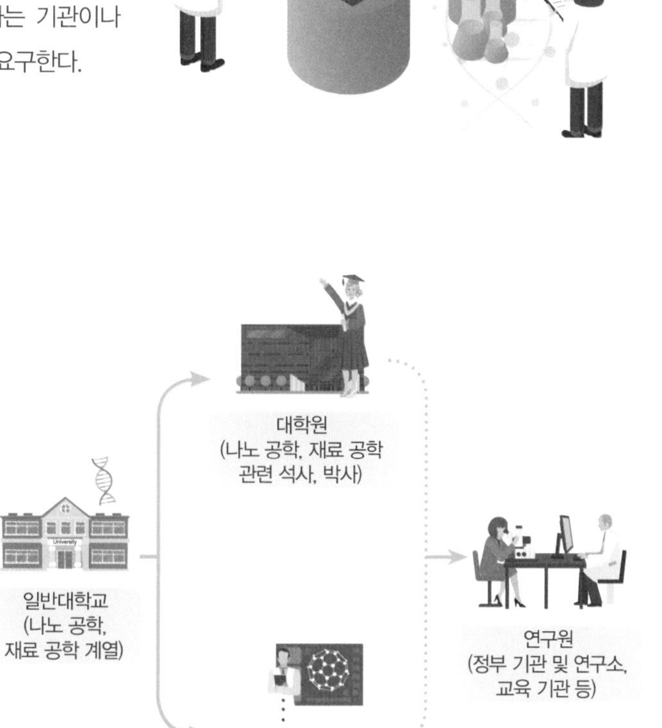

△ 나노 공학 기술자의 커리어 패스

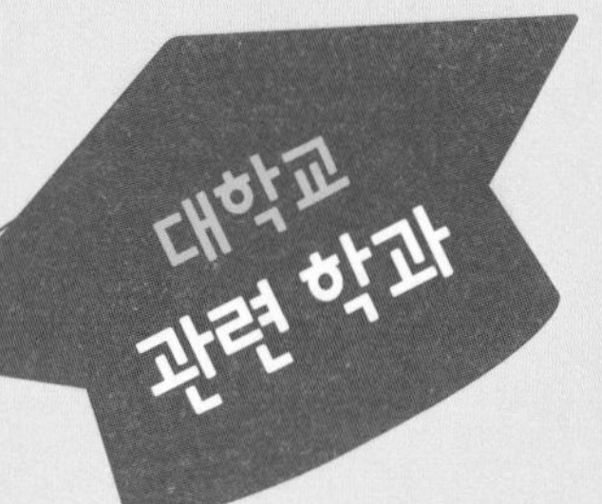

재료공학과

재료공학과는 철강, 비철 재료 및 신소재 등의 개발은 물론 재료를 구성하고 있는 각종 물질의 구조와 조직을 연구한다. 또한 이러한 것들이 물질의 성질에 어떠한 영향을 미치는가를 밝혀내어 새로운 성질을 가진 새로운 재료를 연구 개발하는 것을 배우는 21세기 첨단 산업 발전에 중요한 역할을 담당하는 학과이다.

재료 공학 기술자, 금속 공학 기술자, 나노 공학 기술자, 반도체 장비 기술자, 에너지 공학 기술자, 연료 전지 개발 및 연구자, 원자력 공학 기술자, 전자제품 개발 기술자, 태양광 발전 연구 및 개발자, 태양열 연구 및 개발자, 화학 공학 기술자, 전자 공학 기술자 등

적성 및 흥미

각종 금속 재료에 관한 관심과 화학, 물리, 수학 등의 기초 과학 분야에 대한 흥미가 필요하다.
실험 중심의 수업이 많으므로 분석적 사고력이 중요하고, 성격이 꼼꼼한 학생에게 맞는 학과이다. 재료를 분석하는 능력과 재료를 다른 분야에 적용할 수 있는지에 대한 판단력과 수리 논리력 그리고 손 재능이 필요하다.

재료공학전공, 재료공학부, 나노고분자재료공학과, 나노재료공학전공, 소재디자인공학과, 인테리어재료공학과, 전자재료공학과, 항공재료공학과, 환경재료과학전공, 신소재공학과, 전자재료공학전공 등

중·고등학교
학교생활 포트폴리오

자격 및 면허

금속기사,
누설비파괴검사기사, 재료기사,
열처리기사, 비파괴검사기사,
금속기사, 금속재료산업기사,
주조산업기사, 표면처리산업기사,
반도체설계기사 등

진출 분야

★기업체★

제철 · 반도체 · 석유화학 · 기계 ·
조선 · 항공기 · 섬유 · 유리 · 자동차 · 비철
금속 관련 기업, 의학과 치의학 분야의 의료기기
재료업체 등

★연구소★

민간 연구소(반도체, 금속, 신소재, 섬유), 국공립
연구소 등

★정부 및 공공 기관★

재료 관련직 공무원

★동아리 활동★

과학 및 수학, 공학 관련 동아리 활동을 통해 공학적 지식과 경험을 쌓을 것을 권장한다.

★봉사 활동★

자기 주도적이고 지속적인 봉사 활동을 권장한다. 공공 기관에서 컴퓨터를 가르치는 봉사 활동 등도 많은 도움이 된다.

★독서 활동★

이공계 기초 능력을 배양할 수 있는 책과 공학, 4차 산업 혁명, 융합 분야와 관련된 독서를 권장한다.

★교과 공부★

물리, 화학, 수학, 기술·가정 등 이공계 분야와 관련한 교과 실력 향상에 힘쓰고, 수업 과정에서 문제 해결 능력을 기를 수 있는 활동을 하도록 한다.

★교외 활동★

과학 관련 기관 견학 활동, 과학 전람회 및 과학 분야 직업 체험 프로그램, 대학에서 주관하는 공학 캠프 프로그램에 적극 참여한다.

※ 과학(물리, 화학), 수학, 기술 · 가정 교과 수상 경력 및 과학의 날 대회 수상 경력 및 과학 전람회 대회 참여도 권장한다.

INVESTIGATIVE · 탐구형 I

04 디지털 포렌식 수사관

1. 디지털 포렌식 수사관의 세계

"모든 범죄는 어딘가에 흔적을 남긴다!"

20세기 초 프랑스의 범죄학자 에드몽 로카르(Edmond Locard, 1877.12.13.~1966.4.4)는 범죄 현장에 남겨진 범인들의 지문, 머리카락, 피의 흔적 등은 범인을 잡는 단서가 되고 사건들을 해결하는 데 중요한 역할을 한다고 주장했다.

마찬가지로 디지털 세상 속에서도 범죄는 흔적을 남기기 마련인데, 바로 범인이 남긴 로그 기록이나 인터넷 이용 기록, 각종 문서와 데이터 등이 범인을 찾아내는 데 중요한 증거 자료가 된다. 방송이나 영화 등을 통해 수사관들이 범죄 용의자의 집이나 사무실에 들어가 컴퓨터나 스마트폰, 노트북 등을 압수해서 나오는 모습들을 접한 적이 있을 것이다. 이러한 행동은 디지털 공간에 남겨져 있는 범죄 증거를 찾기 위한 활동이다.

이처럼 디지털 기기에 들어있는 데이터를 수집 · 추출한 뒤, 이를 바탕으로 범죄의 단서와 증거를 찾아내는 과학 수사 기법을 디지털 포렌식(digital forensic)이라고 한다. 디지털화된 자료는 출력된 문서보다 내용을 바꾸거나 삭제하기 쉬워 범죄 행위를 은폐하려는 시도가 많이 일어난다. 이때 디지털 포렌식 기법을 활용해 수사의 단서를 찾아내고 분석 과정을 통해 범인을 잡는 일을 하는 사람들을 디지털 포렌식 수사관이라 한다.

그것이 알고 싶다 '디지털 포렌식'이란 말은 무엇에서 유래한 걸까?

'포렌식'이란 용어는 로마시대 집회장이나 시장 등 공공장소로 사용되던 광장을 의미하는 '포룸(forum)'과 '공공(public)'이란 단어에서 유래되었다. 포룸에서는 재판도 열렸는데 재판관과 검사, 변호사가 각각 있었고 증거를 제출하거나 변호를 하는 등 지금의 재판과 비슷한 형태였다고 한다.

포렌식은 이런 포룸에서 파생된 단어로 '법의학적인, 범죄 과학 수사의, 법정의'라는 의미를 지니고 있다. 즉, 주로 재판에서 과학적인 증거를 수집하고 제출하는 용어로 쓰인다. 디지털 시대에 접어들면서 컴퓨터 · 스마트폰 등을 비롯한 디지털 기기의 사용이 증가했고, 이에 따라 '디지털 증거'가 등장하자 포렌식에서도 '디지털 포렌식'이 출현했다. 이후 디지털 포렌식은 디지털 기기에 남아있는 흔적을 찾아내고 분석하여 특정한 상황에서의 사실 관계를 법정에서 밝히는 데 사용됨으로써 과학 수사의 한 분야로 인정받고 있다.

2. 디지털 포렌식 수사관이 하는 일

디지털 포렌식 수사를 하려면 개인이나 기업의 컴퓨터 또는 스마트폰 등에서 범죄 수사의 단서가 될 만한 디지털 증거 자료를 수집해야 하는데, 이 과정에서 데이터가 손상되지 않게 깨끗한 상태의 증거 자료를 확보하는 것이 매우 중요하다.

디지털 포렌식 수사관

- 컴퓨터 메모리, 하드디스크 드라이브, USB 메모리, 스마트폰 등 디지털 기기의 저장 매체에 남아 있는 데이터를 훼손이나 손상 없이 획득한다.
- 획득한 데이터에서 범죄 행위를 입증할 수 있는 숨겨진 데이터나 파일을 원래의 상태대로 찾아내고, 암호화된 파일은 해독한다.
- 법정에서 범인의 범죄 혐의를 완벽하게 입증하는지와 어떤 증거 능력을 갖추는지를 제시해야 한다. 변론 과정에서 반대 측 의견에 대한 대비책을 수립하고 대처하는 일도 한다.
- 수집한 디지털 자료가 법정에서 증거 자료로 활용될 수 있도록 자료의 신뢰성을 확보한다.
- 원래의 상태로 복구한 데이터를 증거 분석 과정을 통해 피의자의 것이 맞는지 입증하고, 피의자의 범죄 혐의 사실 입증에 어떤 증거 능력을 갖추는지 등을 명확하게 제시한다.
- 디지털 포렌식 과정에서 법에서 정한 절차를 거쳤는지, 증거 수집 및 분석에 사용된 포렌식 도구들이 신뢰성이 있는지에 대해 검증 절차도 진행한다.

디지털 증거 자료를 수집할 때는 법률에서 정한 정당한 절차를 거쳤는지, 원상 복구 과정에서 원래의 데이터가 바뀌지 않았는지 등을 꼼꼼히 확인하는 작업이 매우 중요하다. 왜냐하면 디지털 흔적이 법정에서 디지털 증거로 인정받기 위해서는 증거 능력(admissibility)이 있어야 하는데, 증거 능력을 갖추기 위한 많은 요건 중 가장 중요한 것이 초기 수집된 데이터가 법정에 제출될 때까지 변조되지 않아야 한다는 '무결성(integrity)'이기 때문이다. 무결성을 지키기 위해서는 디지털 포렌식 수사의 원칙과 절차에 따라 데이터를 수집, 보관, 분석, 제출해야 한다.

그것이 알고 싶다 디지털 포렌식 수사의 기본 원칙과 절차

디지털 포렌식 과정을 통해 나온 증거물이 법적 효력을 가지는 증거 데이터로 사용되기 위해서는 논리적이고 체계적인 증거 수집 절차에 따라 수집되어야 하고, 신뢰성 있는 디지털 포렌식 도구에 의해 확보되어야 하며, 자격 있는 증거 분석관에 의해 검증되어야 한다. 이러한 디지털 포렌식 절차의 기본 원칙은 다음과 같다.

정당성	무결성	연계보관성	신속성	재현
증거가 적법한 절차에 의해 수집되었는가?	증거가 수집, 이송, 분석, 제출 과정에서 위조 및 변조되지 않았는가?	각 단계에서 증거가 명확히 관리되었는가?	디지털 포렌식의 전 과정이 신속히 진행되었는가?	동일한 조건과 상황에서 항상 같은 결과를 보장하는가?

이러한 원칙에 따라 디지털 포렌식은 크게 다음과 같은 6단계 절차를 따른다.

1 사전 준비 → 2 증거 수집 → 3 포장 및 이송 → 4 조사 분석 → 5 정밀 검토 → 6 보고서 작성

3. 디지털 포렌식 수사관에게 필요한 능력

증거 자료로 제출한 데이터가 법정에서 증거로 인정받으려면 재판장에 있는 사람들을 이해시킬 수 있어야 하므로 디지털 포렌식 수사관에게는 논리력과 말하는 능력이 중요하다. 또한 법정 증거 자료 채택을 위해 디지털 자료의 확보 · 복구 · 해석 과정과 결과를 보고서로 작성해야 하는데, 재판 과정에서 범죄 여부에 대한 다툼이 생겼을 때 이 보

고서 내용이 얼마나 논리적이고 설득력 있는지가 중요하기 때문에 논리적인 글쓰기 능력도 갖추어야 한다. 그리고 형사소송법이나 형법에 대한 이해, 더 나아가 민법과 민사소송법도 잘 알고 있어야 한다.

많은 양의 디지털 자료 중에서 범죄가 되는 단서를 찾아내서 법정에 증거 자료로 제출하기까지는 집중력과 끈기가 필요하고 추리력, 호기심과 집요함, 수사관적 감각이 뛰어나야 한다. 디지털 자료를 분석하는 과정은 상당한 인내력이 요구되고 사건에 따라서는 자료를 찾아 복구하고 분석하는 데 많은 시간이 걸려 밤을 새우는 경우도 많기 때문에 건강한 체력을 다지는 것도 중요하다.

디지털 포렌식은 법학과 인문학, 컴퓨터 공학 등의 학문이 서로 결합해서 나온 최신의 학문으로 기본적인 프로그래밍 언어와 윈도 · 유닉스 · 리눅스 등 각종 운영 체제에 대한 이해가 필요할 뿐만 아니라 iOS · 안드로이드OS · 심비안OS 등 모바일 운영 체제에 대해서도 잘 알고 있어야 한다. 파일 시스템에 대한 정확한 이해와 네트워크에 대한 지식도 대단히 중요하다. 이외에도 데이터 검색 기술, 복구 기술, 분석 기술 등도 알고 있어야 한다.

디지털 포렌식 수사에 필요한 기술

디지털 포렌식 수사에 필요한 기술은 크게 데이터를 수집하는 기술과 수집된 디지털 데이터를 분석하여 증거를 추출하는 기술로 구분할 수 있다.

원본 데이터 수집 기술	증거 분석 기술
이미지 처리 기술, 이미지 인식 기술 네트워크 정보 수집 휘발성 데이터 수집 하드디스크와 메모리 복구 삭제된 파일 복구 암호 통신 내용 해독 등	로그 및 레지스트리 분석 영상 정보 분석 데이터마이닝 네트워크 시각화 저장 매체 사용 흔적 분석 기술 등

4. 디지털 포렌식 수사관과 관련된 학과 및 자격증

- **관련 학과**: 컴퓨터공학과, 컴퓨터학부, 컴퓨터공학부, 정보보호학과, 정보보안학과, 경찰행정학과, 사이버경찰학과, 경찰행정법학과, 법학과
- **관련 자격**: 디지털포렌식전문가, 사이버포렌식조사전문가, 국제 전문 자격증으로 EnCE 디지털포렌식수사, 미국 엑세스테이터의 FTK포렌식전문가자격증(ACE)

5. 디지털 포렌식 수사관의 직업 전망

정보 통신 기술의 발전으로 우리의 일상생활은 현실 공간 못지않게 인터넷이라는 가상공간에서 활동하는 시간이 늘고 있으며, 이에 따라 사이버 범죄 및 디지털 매체를 활용한 범죄의 발생 건수 또한 증가하고 있다. 단순히 범죄 발생 건수만 증가하는 것이 아니라 그 방법도 매우 다양화되고 있으므로 향후 디지털 포렌식 분야에 대한 수요는 증가할 것으로 예상된다. 지금은 대부분의 디지털 포렌식 수사를 경찰과 같은 국가 수사 기관에서 하고 있지만, 앞으로는 회계 법인이나 대형 법무 법인 등 점차 민간 분야로 확대될 전망이며, 대기업의 법무팀이나 감사실에서도 특허 소송이나 기술 유출 등에 대처하기 위해 관련 전문가의 채용이 활발해질 것이다. 따라서 미래에는 민간 디지털 포렌식 전문가들도 증가할 것으로 예상된다.

이처럼 디지털 포렌식 분야는 형사 사건과 관련된 수사 목적뿐만 아니라 민사 사건, 기업체 등에서도 널리 필요로 하는 분야이므로 전망이 아주 밝을 것으로 예측된다.

디지털 포렌식 수사관과 관련 있는 직업

디지털 포렌식 수사관과 관련 있는 직업은 경찰이나 국방부 등에서 디지털 포렌식 업무를 담당하는 수사관, 디지털 포렌식 연구원, 국방부 및 기무사 등의 군 디지털 포렌식 수사관, 특별사법경찰, 저작권위원회나 법무 법인 등에서의 디지털 포렌식 업무를 담당하는 직업 등이 있다.

디지털 포렌식 수사관

정보 기술과 법 과학의 융합을 통해 디지털 공간 내 범죄 수사를 하는 데 있어 매우 중요한 역할을 하는 디지털 포렌식 분야에 진출하려면 정보 기술 및 법 관련 학과를 전공하면 많은 도움이 된다. 그러나 반드시 해당 분야를 전공해야 하는 것만은 아니다.

대부분의 디지털 포렌식 수사관들은 검찰과 경찰, 관세청 등 국가 수사기관에 근무하기 때문에 국가공무원 공개 채용 과정을 거쳐 임용된다. 그리고 디지털 포렌식 수사관들도 기본적으로 수사 업무에 대해 알아야 하므로 임용이 된 후 일정 기간 수사관으로서 경험을 쌓는다.

디지털 포렌식 수사관이라는 직업에 관심이 있다면 컴퓨터 시스템, 하드웨어, 운영 체제, 정보 보안 등 정보 기술 전반에 대한 지식이 매우 중요한 요소이다. 따라서 어렸을 때부터 컴퓨터 실력을 향상하고 수학적인 지식을 쌓기 위해 노력하도록 한다.

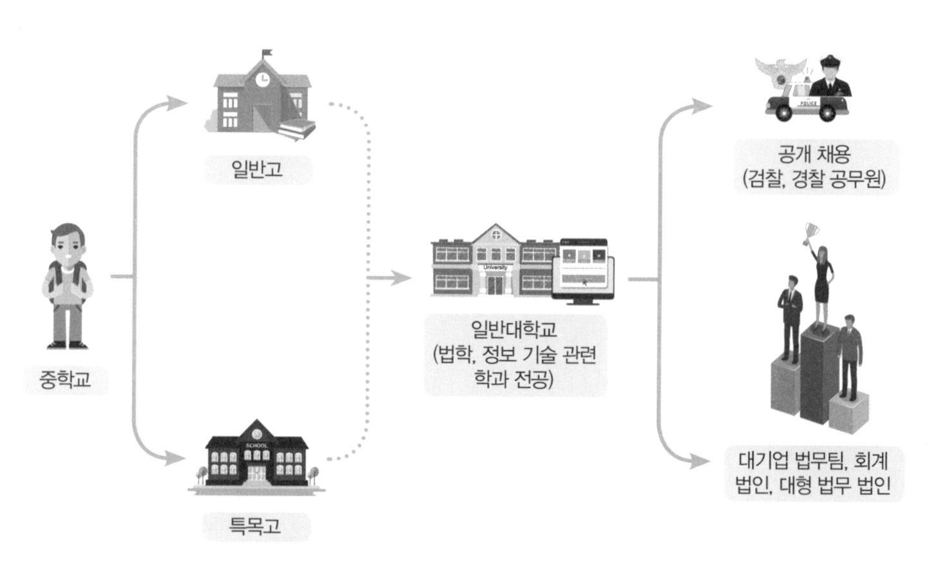

△ 디지털 포렌식 수사관의 커리어 패스

컴퓨터공학과

컴퓨터 공학은 정보 산업을 선도하는 핵심적인 학문 분야이다. 창의적이고 책임감 있으며 도전 의식과 적응 능력을 겸비하고 정보 통신(IT) 분야의 전문 이론과 현장 실무 경험을 두루 갖춘 유능한 공학인의 양성에 교육 목표를 두고 있다. 컴퓨터와 관련된 분야에서 필요한 기초 학문을 바탕으로 가장 기초적인 컴퓨터 구조부터 응용 프로그램까지 컴퓨터 프로그램 전반에 대해 배운다.

컴퓨터 보안 전문가, 디지털 포렌식 수사관, 응용 소프트웨어 개발자, 응용 소프트웨어 엔지니어, 시스템 소프트웨어 개발자, 컴퓨터 시스템 관리자, 웹 엔지니어, 네트워크 관리자, 네트워크 프로그래머, 네트워크 시스템 분석가 및 개발자, 데이터베이스 관리자, 컴퓨터 시스템 설계/분석가, IT 컨설턴트, 변리사, 전산직 공무원 등

컴퓨터 하드웨어와 다양한 응용 소프트웨어에 대한 관심과 흥미가 높아야 하며 공학 및 과학에 근거한 논리적 추리력과 풍부한 상상력과 창의력도 필요하다. 새로운 것에 대한 호기심과 관심, 수학적인 수리 능력은 물론이고 논리적인 사고력과 함께 물리 등의 기초 과학 학문에도 흥미와 재능이 있어야 한다.

컴퓨터시스템학과, 컴퓨터학과, 컴퓨터정보통신공학과, 정보처리학과, 컴퓨터시뮬레이션학과, 정보처리학과 등

중·고등학교
학교생활 포트폴리오

★동아리 활동★

컴퓨터 및 정보 관련 동아리 활동을 통해 컴퓨터 공학과 관련된 공학적 지식과 경험을 쌓을 것을 권장한다.

★봉사 활동★

공공 기관이나 사회 복지 시설 등에서 컴퓨터를 가르치는 봉사 활동을 지속적으로 하면 도움이 된다.

★독서 활동★

컴퓨터 능력을 키울 수 있는 책과 공학, IT 관련 독서 활동을 권장한다.

★교과 공부★

정보, 과학, 수학 등의 교과 수업 시간을 통해 문제 해결 능력과 컴퓨터 활용 능력을 키울 수 있는 활동을 한다.

★교외 활동★

컴퓨터 관련 학과에서 진행하는 프로그램, 컴퓨터 분야 직업 탐색 및 직업 체험 프로그램에 적극 참여한다.

※ 정보, 기술 · 가정 교과 우수상 및 교내 컴퓨터 관련 수상 실적이 중요하다.

자격 및 면허

★국내 자격★

디지털제어산업기사, 전자기사, 전자계산기기사, 전자회로설계산업기사, 정보통신기사, 전파통신기사, 정보처리기사, 전파전자기사, 전자계산기조직응용기사, 게임전문가, 게임프로그래밍전문가 등

★해외 자격★

프로그래밍 관련 자격증(OCJP, EJB), 네트워크 관련 자격증(CCNA, CCNP), 데이터베이스 관련 자격증(OCA, OCP, MCDBA) 등

진출 분야

★기업체★

이동통신업체, 포털 회사, 게임 회사, 은행, 증권 회사, 보험 회사, 병원, 네트워크 회사, 정보 보안 기업 등

★연구소★

한국전자통신연구원, 한국항공우주연구원, 국방과학연구소, 한국정보통신교육원, 정보통신정책연구원 등

★학계 · 교육계★

정보 통신 관련 전공 분야의 대학교수 및 교사 등

05 빅데이터 전문가

1. 빅데이터 전문가의 세계

우리는 일상 속에서 인터넷이나 스마트폰 등 다양한 방법을 이용해서 다른 사람들과 소통을 한다. 이 과정에서 주고받은 문자 메시지나 이메일 및 동영상, 블로그나 트위터 · 페이스북과 같은 SNS 등에서의 활동 내용, 쇼핑 정보 등은 모두 데이터로 저장된다. 또한 CCTV 영상 기록 등과 같이 자신이 활동한 흔적들도 모두 데이터로 저장되는데, 이처럼 인터넷으로 오고 가는 수많은 데이터를 빅데이터라고 한다. 빅데이터는 기존 데이터보다 방대하여 기존의 방법이나 도구로는 처리할 수 없어 따로 붙여진 이름이다.

빅데이터를 분석해 보면 특정인의 취향이나 취미, 생각과 의견, 생활 습관이나 상품을 구매하는 성향까지 분석 · 예측할 수 있다. 글로벌 기업 아마존에서는 미국 내 택배 배송 기간이 오래 걸린다는 점이 소매자의 구매 욕구를 떨어트린다는 것에 착안하고 소비자들의 소비 패턴을 분석하여 누가 언제 어떤 상품들을 구매할 것인지 예측하였다. 이를 통해 소비자가 구매 버튼을 클릭하여 배송 요청을 하기 이전에 미리 배송 준비를 할 수 있는 '예측 배송' 시스템을 개발하여 특허를 낸 바 있다.

패션 브랜드인 '자라(ZARA)'도 빅데이터를 분석하여 다품종 소량생산을 마케팅 판매 전략으로 삼았는데, 이같은 과정을 통해 다른 패션 브랜드보다 생산하는 상품 종류의 수는 2배 이상 많아졌고, 제품의 주문부터 생산, 그리고 매장에 공급되기까지의 시간이 6주로 단축되는 결과를 얻었다.

이처럼 빅데이터 정보들을 쓸모 있고 가치 있게 이용해 높은 부가 가치를 만들어 내는 사람들을 빅데이터 전문가라고 한다.

2. 빅데이터 전문가가 하는 일

빅데이터 전문가는 방대한 양의 데이터를 분석하여 미래를 예측하는 직업으로, 규모가 큰 데이터를 목적에 맞게 수집 · 분석 · 활용하고, 데이터에 숨어 있는 정보나 일정한 패턴을 찾아내고 현상을 분석하며, 데이터를 통해 사람의 마음을 읽고 세상의 흐름을 예측하는 일을 한다.

빅데이터 전문가

실시간으로 만들어지는 빅데이터를 어디에 어떻게 활용할 것인지 기획한다. 기획안이 만들어지면 분석할 데이터 자원을 찾아내고 프로그램을 만든 뒤에 통계적으로 분석한다.

빅데이터 기술을 사용하기 위해 웹 사이트나 서버, DB(데이터베이스) 환경을 구축한다.

데이터 분석 과정을 통해 실제로 활용할 수 있는 모델을 찾는다.

세계 각 나라의 빅데이터와 관련한 새로운 기술과 내용, 기사와 논문 등을 신속하게 찾아낸다.

빅데이터를 체계적으로 활용해 신제품 개발, 마케팅 전략 등에 대한 과학적인 의사결정을 내린다.

빅데이터를 관리 · 분석하여 통계 모델을 만들어 사람들의 행동 패턴이나 경기 변동 등을 예측하는 정보를 제공한다.

빅데이터를 가장 많이 활용하는 곳은 기업이다. 기업은 빅데이터를 활용해서 소비자들의 관심 분야를 찾아내고 소비 특성을 분석해서 다양한 마케팅에 활용하고 있다. 기업뿐만 아니라 공공 기관 등에서도 새로운 정책을 만들어 내거나 사업을 기획하고자 할 때 빅데이터를 분석한 자료를 활용한다. 구글의 자동 번역 시스템, IBM의 인공지능 컴퓨터 왓슨, 아마존의 도서 추천 시스템은 대표적인 빅데이터 활용 사례다. 공공 부문에서도 위험 관리 시스템, 탈세 등 부정행위 방지, 공공 데이터 공개 정책 등을 목적으로 빅데이터를 활용하고 있다.

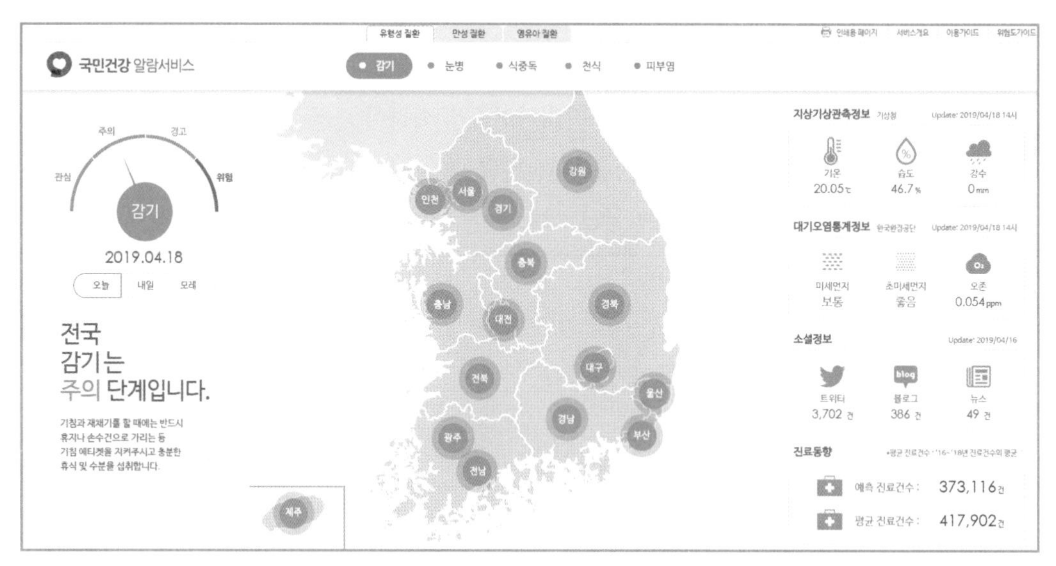

국민건강 알람서비스 국민건강보험공단이 보유한 국민 건강 정보 데이터베이스와 식약처 · 기상청 · 환경부가 보유한 식중독 자료, 기상기후 자료, 환경 자료를 연계하고 민간의 소셜미디어 정보(트윗, 블로그, 뉴스 등)를 융합하여 주요 질병의 위험도 동향과 알람을 제공하는 서비스. 이 서비스를 통해 주요 질병의 지역별 위험도와 위험 단계별 행동 요령 그리고 지역별 기상 정보, 대기 정보, 진료 동향과 트위터, 뉴스, 블로그와 같은 소셜 정보를 확인할 수 있다.

3. 빅데이터 전문가에게 필요한 능력

빅데이터 전문가는 통계학, 컴퓨터과학, 머신 러닝 등 데이터 분석에 대한 기본적인 이해와 프로그래밍 실력, 서버와 네트워크에 대한 기본적인 지식이 필요하다. 또한 다양한 곳에 흩어져 있는 데이터를 수집하고 필요한 자료로 가공하려면 데이터 처리 능력도 있어야 한다. 통계 분석 프로그램을 다루기 위해 프로그래밍과 프로그래밍 언어의 기초인 C, C++, JAVA 등의 언어는 필수로 알아야 한다.

머신 러닝이란?

머신 러닝(machine learning)은 인공 지능의 한 분야로, 말 그대로 기계가 공부한다는 뜻이다. 즉, 컴퓨터가 학습할 수 있도록 하는 알고리즘과 기술을 개발하는 분야를 말한다. 예를 들어 머신 러닝을 통해 수신한 이메일이 스팸인지 아닌지를 구분할 수 있도록 할 수 있다.

이 밖에도 다양한 자료의 공통점과 흐름을 분석해 필요한 정보를 찾아내는 수리 · 논리력, 새롭고 독특한 방식으로 문제를 해결하는 창의력, 다른 사람의 말과 글을 잘 이해할 수 있는 언어 능력, 데이터를 분석하고 살펴보는 수학적인 능력, 대량의 데이터를 분석하기 위한 솔루션을 만들 수 있는 공학적인 능력이 필요하다.

빅데이터 관련 분야는 매우 광범위하므로 청소년기에는 컴퓨터 분야에 대한 꾸준한 관심을 갖고 컴퓨터를 다루는 능력을 키우면서 관련 분야의 다양한 책을 읽는 습관을 들이는 것이 좋다. 또한 빅데이터와 관련한 새로운 기술과 내용, 신문 기사와 자료 등 최신 정보를 습득하는 데 노력을 기울여야 한다. 빅데이터를 어떻게 해석하느냐는 사회 현상을 어떻게 분석하느냐와 연관되기 때문에 인문학에 대한 기본 지식도 갖추면 더욱 좋다. 특정 과목만 공부하기보다는 좀 더 넓고 다양한 공부를 하는 것이 도움이 된다.

4. 빅데이터 전문가와 관련된 학과 및 자격증

- **관련 학과**: 컴퓨터공학과, 소프트웨어학과, 산업공학과, 기계공학과, 통계학과, 경영학과, 수학과, 데이터마이닝학과, 정보통계처리학과, 문헌정보학과 등
- **관련 자격**: 데이터분석전문가(ADP), 데이터분석준전문가(AD&P), 데이터아키텍처전문가(DAP), 리눅스마스터, 사회조사분석사, 경영빅데이터분석사, 정보관리기사 등

5. 빅데이터 전문가의 직업 전망

빅데이터 관련 분야는 디지털 시대의 변화를 이끄는 핵심 기술로서, 빅데이터 전문가는 국내뿐 아니라 해외에서도 인정받을 수 있는 직업이다. 많은 선진국이 빅데이터 관련 개발을 위해 활발히 인프라를 구축하고 있다. 그 예로 미국에서는 빅데이터 관련 장비 개발과 산업 발전에 필요한 네트워크와 클라우드 관련 인프라 진흥 정책이 활발히 진행 중이고, 유럽 연합은 가입국 간 협약을 통해 정보 공개 창구 일원화 및 데이터 처리 기술 연구에 대규모 지원을 하고 있다.

우리나라에서도 정부와 기업이 4차 산업 혁명 시대를 이끌어 나갈 기술로 빅데이터 분야를 선정할 만큼 큰 관심을 가지고 있다. 우리나라 빅데이터 시장도 매년 20~30%씩 높은 성장을 하고 있어 관련 분야의 성장성은 매우 클 것으로 전망된다. 수요에 비해 빅데이터 전문가의 수가 부족하고 직업의 안정성이나 사회적 지위, 급여도 다른 직업군보다 높을 것으로 예상되어 직업 전망은 더욱 밝게 예측된다.

그것이 알고 싶다 빅데이터는 정말 정보 시대의 '원유'일까?

PC와 인터넷, 모바일 기기 이용이 생활화되면서 사람들이 자신도 모르게 다양한 곳에 흔적(데이터)을 남기는 일이 급증하고 있다. 예를 들어 인터넷 쇼핑몰을 방문하면 실제 구매를 하지 않더라도 방문자가 돌아다닌 기록이 자동으로 데이터로 저장된다. 또한 어떤 상품에 관심이 있는지, 얼마 동안 쇼핑몰에 머물렀는지도 알 수 있다. 쇼핑뿐 아니라 은행 · 증권과 같은 금융 거래, 교육과 학습, 여가 활동, 자료 검색과 이메일 등 요새 사람들은 하루 대부분 시간을 컴퓨터와 인터넷을 활용하므로 여기저기에 생활의 기록이 남게 된다.

이처럼 수많은 사람이 남긴 흔적인 빅데이터가 우리 일상생활에 다양한 가치를 만들어내고 활용되면서 사람들은 빅데이터를 '원유'에 비유하고 있다. 미국의 시장조사 기관인 가트너는 "데이터는 미래 경쟁력을 좌우하는 21세기 원유이며, 기업들은 다가오는 데이터 경제 시대를 이해하고 이에 대비해야 한다."라고 강조했다. 이는 미래 사회에서 기업의 가장 중요한 자산이 '데이터'라는 것을 시사한다.

가트너는 빅데이터의 중요한 특징으로 크기, 다양성, 속도 등을 꼽았다. 크기(volume)는 데이터의 물리적 크기를 말하고, 다양성(variety)은 데이터의 형태를 말한다. 마지막으로 속도(velocity)는 데이터 처리 능력을 말한다. 즉, 빅데이터는 단순히 대용량 데이터만을 의미하는 것이 아니라 그 데이터를 효과적으로 처리하고 분석할 수 있는 기술까지 포함한다.

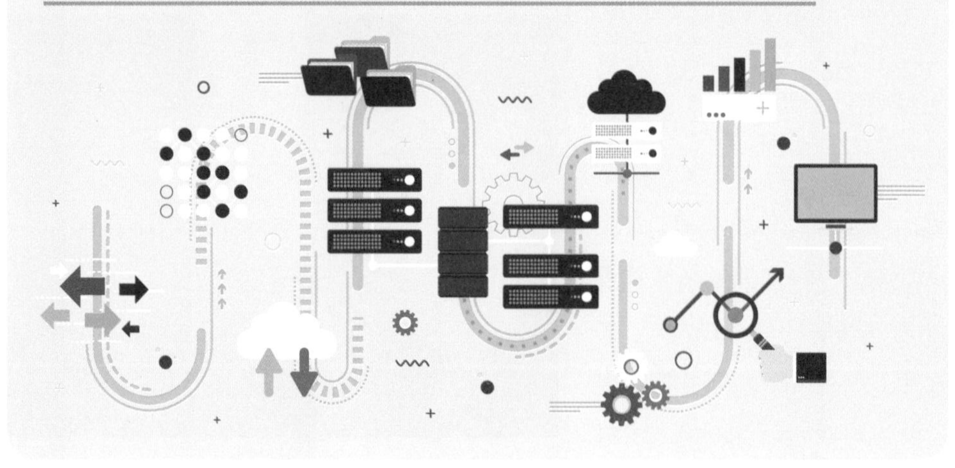

빅데이터 전문가와 관련 있는 직업

빅데이터 전문가와 관련있는 직업으로는 데이터 과학자, 빅데이터 컨설턴트, 빅데이터 개발자, 빅데이터 운영자, 컴퓨터 시스템 설계 분석가, 데이터베이스 개발자, 정보 시스템 운영자 등이 있다.

빅데이터 전문가

빅데이터 분야는 여러 학문이 융합된 곳으로, 이에 진출하려는 경우 통계학과와 컴퓨터공학과 또는 경영학과와 컴퓨터공학과로 진학한 후에 복수 전공을 많이하는 것이 일반적이다.

최근에는 빅데이터 분야가 관심을 끌면서 몇몇 대학에서 석사 및 박사 과정을 개설하거나 교육 과정을 새롭게 만들어 빅데이터 전문가를 양성하기 위해 많은 노력을 하고 있다. 빅데이터 전공을 마친 후에는 금융, 통신, 유통, 제조, 엔터테인먼트 등 빅데이터 활용이 필요한 산업체나 포털 · 게임 · 쇼핑몰 등의 인터넷 업체, 공무원 및 국가 출연 연구기관, 빅데이터 관련 창업 등으로 진출할 수 있다.

빅데이터 전문가는 통계 자료를 발굴 · 분석하여 새롭게 활용 가능한 곳을 찾아야 하므로 경영학이나 마케팅 분야의 지식과 경험이 중요하다. 따라서 경영학 분야의 CRM 관련 자격증이나 빅데이터 관련 분야의 자격증을 취득하면 도움이 된다.

CRM이란?

고객 관계 관리(CRM, customer relationship management)는 소비자들을 자신의 고객으로 만들고, 이를 오랜 시간 동안 유지하고자 하는 경영 방식을 말한다. 기업들이 고객을 확보하고, 고객과의 관계를 관리하며, 고객 · 판매인 · 협력자와 내부 정보를 분석하고 저장하는 데 사용하는 여러 분야를 합쳐 부르는 용어이다.

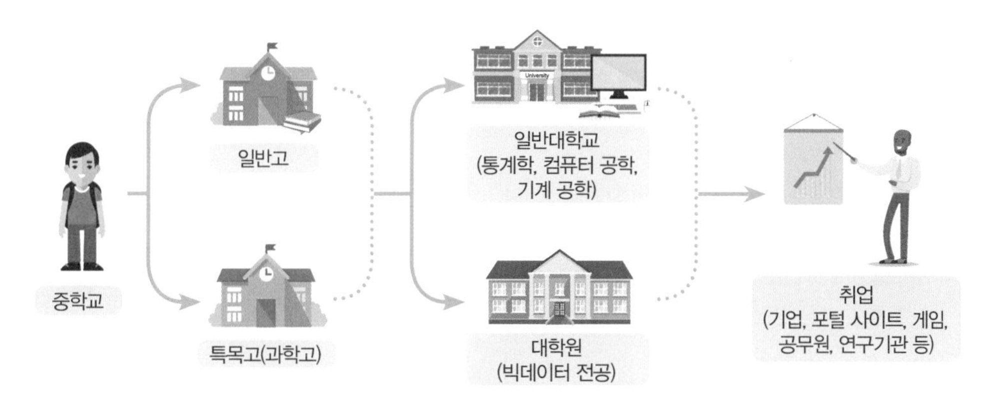

빅데이터 전문가의 커리어 패스

수학과

수학과는 현대 사회에서 발생하는 복잡한 문제들을 수학적인 지식과 분석 방법을 통해서 해결할 수 있는 인재를 길러내는 데 교육 목표를 두고 공부하는 학과이다. 수학적 창의성과 사고능력을 배우고, 현대 수학의 다양한 문제와 사회의 복잡한 문제들을 해결할 수 있는 인재를 양성한다.

빅데이터 전문가, 금융 자산 운용가, 보험 관리자, 보험 사무원, 보험 인수 심사원, 수학과 교수, 수학 교사, 인공위성 개발원, 자연과학 시험원, 금융 공학자 등

적성 및 흥미

문제를 해결하는 데 있어서 해답을 얻는 것보다는 문제를 풀려고 증명해 나가는 과정을 매우 중요하게 생각하기 때문에 어떤 문제를 접했을 때 문제의 해결 과정에 흥미를 갖고 대하는 자세가 필요하다.

수학 문제를 잘 푸는 것도 중요하지만 일상생활에서 수학이 적용되는 사례를 찾아보거나 수학 문제가 풀릴 때까지 고민에 고민을 거듭하고 해결하려는 끈기와 이를 통한 성공 경험, 그리고 수학적 호기심이 있는 것이 중요하다.

수리과학부, 정보수학과, 응용수학전공, 수학전공, 수리과학과, 수리과학부 · 통계학과군, 수학정보학과, 수학통계학부(수학전공), 응용수학과, 전산수학과, 정보수리학과, 정보과학부, 기초과학부, 수학통계학부

중·고등학교
학교생활 포트폴리오

자격 및 면허

중등 정교사 2급,
보험계리사, 회계사, 세무사,
정보처리기사, 사회조사분석사,
손해사정사 등

★기업체★
금융 · 보험 · 전산 분야 등 다양한 관련 기업체, 수학교구 개발회사, 입시학원 등

★정부 및 공공 기관★
수학 관련 연구소, 중학교, 고등학교, 대학교 등

진출 분야

★동아리 활동★

수학 관련 동아리 활동을 통해 수학적인 지식과 경험을 쌓을 것을 권장한다.

★봉사 활동★

사회 복지 시설이나 보육원 등에서 수학 과목을 가르치는 봉사 활동이나 교내 수학 멘토–멘티와 같은 봉사 활동을 하면 도움이 된다.

★독서 활동★

수학이나 자연 과학 분야뿐만 아니라 인문학 분야의 독서를 통해서 수학 전공에 필요한 기초지식을 습득한다.

★교과 공부★

수학이나 과학 교과 수업 시간을 통해 문제 해결 능력과 의사소통 능력을 기를 수 있도록 한다.

★교외 활동★

수학 관련 연구소 및 기관, 대학에서 주관하는 캠프 및 수학 관련 분야 직업 체험, 수학과 학과 체험에 적극 참여한다.

※ 수학, 과학, 정보 교과 우수상이나 교내 수학 경시대회 수상 실적이 중요하다.

06 사이버 범죄 수사관

1. 사이버 범죄 수사관의 세계

인터넷과 스마트폰의 보급은 우리의 일상생활을 편리하게 해주었지만 한편으로 해킹, 개인 정보 유출 등으로 경제적 피해가 발생할 뿐만 아니라 온라인에서 확인되지 않은 소문을 퍼트리거나 근거 없이 남을 비방하는 등의 부작용도 늘고 있는데, 이러한 것을 사이버 범죄라고 한다.

사이버 범죄는 다음과 같은 특성을 보인다. 첫째, 사이버 공간은 가상의 공간이기 때문에 범인이 자신의 얼굴과 신분을 감출 수 있어 범행을 손쉽게 저지르는 경향이 있다.

둘째, 사이버 공간에서는 누구든지 자신의 목적이나 의도한 바를 빠른 시간 안에 확산 · 전파할 수 있다. 셋째, 사이버 공간은 시간과 공간을 초월하므로 인터넷이 연결된 곳이면 언제, 어디서든 세계 어느 곳에 있는 컴퓨터에라도 범죄 행위를 할 수 있다.

사이버 공간에서 일어나는 다양한 범죄 행위를 예방하고 범죄자를 찾아내는 일을 하는 사람이 사이버 범죄 수사관이다. 즉, 사이버 공간에서 국민의 안전과 치안을 담당하는 경찰관이다.

사이버 범죄의 종류에 대해 알아볼까?

사이버 범죄는 범죄 목적에 따라 테러형 사이버 범죄와 일반 사이버 범죄로 나뉜다. 테러형 범죄는 해킹이나 컴퓨터 바이러스와 같은 유형의 범죄이고, 일반 범죄는 사이버 명예 훼손과 전자 상거래 사기, 개인 정보 침해, 불법 사이트 개설, 디지털 저작권 침해 등이 해당한다.

2. 사이버 범죄 수사관이 하는 일

사이버 범죄 사건을 수사하는 사이버 범죄 수사대는 사이버 범죄를 담당하는 수사 인력과 첨단 장비를 갖추고 해킹 범죄에 대한 수사 및 바이러스 · 웜 등 악성 프로그램 유포 범죄, 피싱 범죄 등 사이버상에서 행해지는 각종 범죄 행위 관련 업무를 담당한다.

사이버 범죄 사건이 일어나면 피해자 조사를 통해 피해 경위와 법을 위반한 사항이 무엇인지 확인한다.

인터넷 공간에서 이루어지는 사기 범죄나 각종 명예 훼손 사건을 수사한다.

공공 기관이나 다른 사람의 컴퓨터에 몰래 접근해서 정보를 빼돌리거나 바이러스와 같은 악성 프로그램을 유포하는 범죄를 수사한다.

인터넷 공간에서 범죄를 저지른 사람들을 체포하기 위해 현장에 출동한다.

사이버 범죄 예방을 위한 보안 교육과 홍보 업무를 담당한다.

사이버 범죄는 다음과 같은 절차로 수사가 이루어진다. 먼저 사이버 범죄 신고가 들어오면 사건을 수사할 담당 경찰서가 지정된다. 이 과정에는 일정 기간이 소요되며, 수사할 경찰관에게 업무가 배정되면 형사 사건 여부를 검토 후 정식 사건 접수 시 수사가 진행된다.

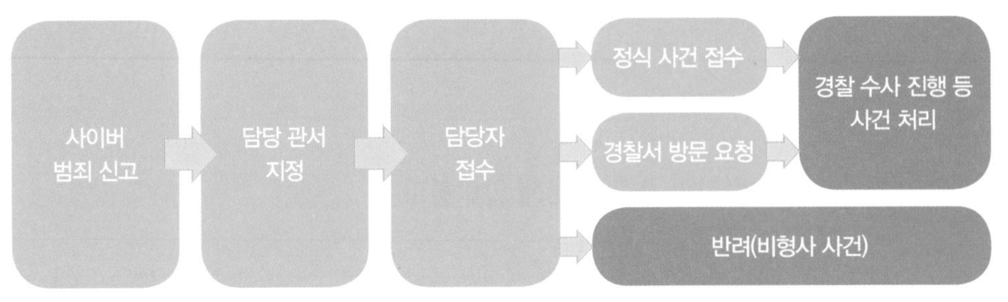

사이버 범죄 수사 절차

3. 사이버 범죄 수사관에게 필요한 능력

사이버 범죄 수사관이란 직업은 범죄자들이 사이버 공간에 남긴 작은 흔적 하나까지도 빠짐없이 수집하고 분석해야 하므로 꼼꼼하고 신중한 성격의 사람에게 적합하다. 또한, 정보 통신 관련 최신 기술을 습득하고 사회 흐름의 변화 등을 알아야 하므로 학업에 대한 열정도 매우 중요하다. 사이버 범죄 수사관 채용 시 팔굽혀펴기 · 달리기 · 윗몸일으키기 · 손아귀 힘 등 기본적인 체력 검사가 시행되며, 채용 후에도 6개월 이상 유격 훈련과 해양 훈련 등을 수료해야 하므로 체력 관리도 필요하다.

사이버 범죄 수사관은 컴퓨터 소프트웨어는 물론 네트워크와 관련된 프로그래밍, 하드웨어 등 컴퓨터 및 IT와 관련된 기본 지식이 필요하다. 정보 통신과 관련한 법률적 지식은 물론, 최근에는 국경을 초월하는 사이버 범죄의 발생으로 국가 간에 공조와 협력 수사를 하는 경우가 많아 외국어 능력도 갖추면 도움이 된다.

사이버 범죄 수사관은 세상의 변화를 읽는 힘과 각종 법률에 대한 지식이 요구되고, 어떠한 판단을 바탕으로 다른 판단을 끌어내는 추론 능력과 윤리 의식도 필요하다. 국민의 안녕과 정의를 구현하고 있다는 사명감도 요구된다.

4. 사이버 범죄 수사관과 관련된 학과 및 자격증

- **관련 학과**: 정보보안학과, 정보보호학과, 컴퓨터공학과, 전산학과, 소프트웨어공학과, 정보통신공학과, 융합보안학과, 융합보안과, 사이버안보학과, 정보통신보안학과, 사이버경찰보안학과, 사이버경찰학과, 사이버보안경찰학과, 사이버수사경찰학부 등
- **관련 자격**: 정보처리기사, 정보보안관제사, 정보보호활용능력, 정보보호전문가(SIS), 정보시스템보안전문가(CISSP), 정보시스템감사사(CISA), 리눅스국제공인자격증(LPIC), 자바국제공인자격증(SCJP), 주니퍼국제공인자격증(JNCIA, JNCIS, JNCIE) 등

5. 사이버 범죄 수사관의 직업 전망

우리나라는 IT 기술의 발달로 인터넷 보급률이 높고 사용 인구도 매우 많다. 최근에는 스마트폰의 활발한 사용으로 인터넷 공간에서의 활동이 더욱 증가하고 있다. 이에 따라 개인 정보 침해, 사이버 명예 훼손, 전자 상거래 사기 등과 같은 사이버 범죄 행위도 늘어나고 있다. 최근에는 해킹, 악성 프로그램 유포, 사이버 테러와 같은 범죄 행위가 더욱 지능화되고 있으며 사회를 혼란케 하는 사이버 범죄도 자주 발생하고 있다. 이에 따라 사이버 범죄를 수사하는 인력의 수요는 증가할 것으로 예상되므로, 사이버 범죄 수사관의 직업적 전망성은 밝다고 할 수 있다.

향후 사이버 범죄 수사와 관련된 직업군이 가장 인기 직종이 될 것이라고 언론에서 보도할 정도로 현재 사회적으로 관심을 많이 받는 직종이고, 앞으로 민간 조사업 분야도 활성화될 예정이어서 미래 성장성은 매우 좋다고 할 수 있다.

경찰청 사이버수사대 조직에 대해 알아볼까?

경찰청에는 사이버 범죄 수사를 전담할 기구로 사이버안전국을 두고 있다. 사이버안전국 내에는 사이버안전과, 사이버수사과, 디지털포렌식센터가 있다.

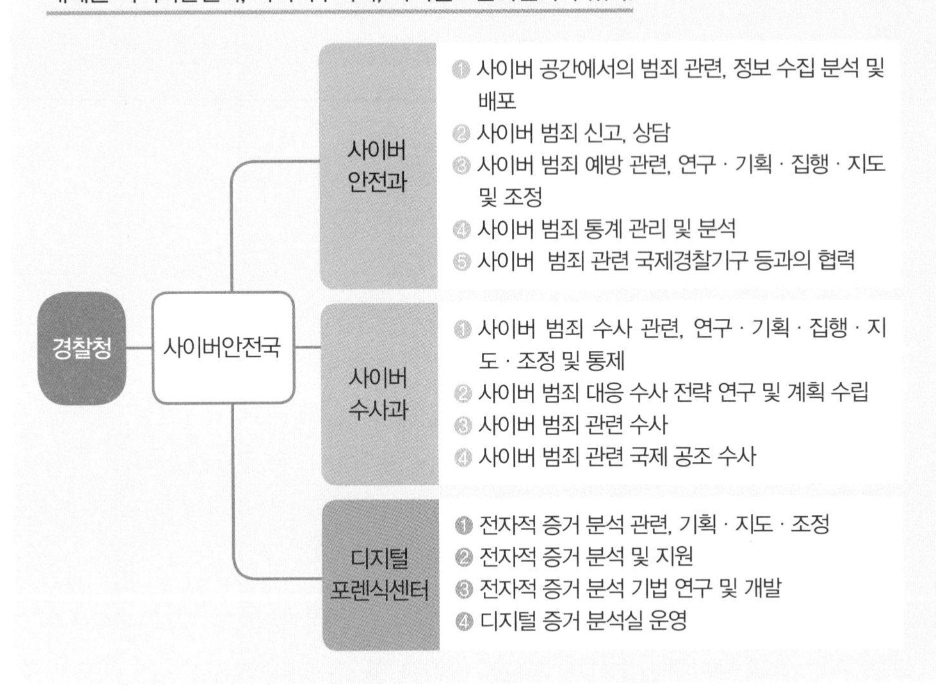

사이버 범죄 수사관과 관련있는 직업으로는 범죄 과학 수사관(CSI), 사이버 경찰관, 사이버 포렌식 전문가, 컴퓨터 보안 전문가, 국가 사이버 안전요원, 프로파일러, 디지털 포렌식 전문가, 악성코드 분석 전문가 등이 있다.

○ 국가 사이버 안전요원

컴퓨터망을 이용하여 국가의 중요 데이터를 유출하거나 파괴하는 사이버 테러에 대비하여 이를 보호하고 보안 기술을 지원하는 사람들을 말한다. 이들은 국가정보원에서 근무하면서 국가 주요 전산망을 안전하게 지키고, 외부에서 발생하는 사이버 공격의 징후를 찾아내며, 위험 요소가 발견되면 각급 기관에 알려 사이버 테러를 예방할 수 있도록 조치한다.

국가 사이버 안전요원이 되려면 상당한 전문적인 지식과 체력이 요구되며, 국가 안보를 위한 투철한 애국심과 사명감이 필요하다. 빠르게 변화하는 정보 통신 기술을 익히기 위해 계속 공부해야 하며, 집중력과 끈기도 갖추어야 한다.

사이버 범죄 수사관

대부분 사이버 범죄 수사관들은 사이버 범죄 수사의 업무 특성상 전산학, 컴퓨터 공학, 정보통신 공학, 정보보호학, 소프트웨어 공학, 수학, 경찰행정학, 국방학 전공자들이다. 그러나 사이버 범죄 수사관이 되기 위해 반드시 이런 학과를 전공해야 하는 것은 아니다.

사이버 범죄 수사관이 되는 방법에는 두 가지가 있다. 첫째는 일반 경찰 공무원이 된 후에 전산 및 컴퓨터와 관련한 전문성과 업무 능력을 인정받아 사이버 수사 요원으로 선발되는 경우이다. 둘째는 특별 채용을 통해 사이버 범죄 수사관이 되는 방법이다. 현재는 대부분 특별 채용으로 선발하고 있는데 전산 관련 학과에 진학해 석사 이상의 학력을 소지하고 있거나 프로그래밍 개발업체, 인터넷 보안업체와 같이 전산 실무와 관련된 경력을 가진 사람이 유리하다. 특히, 기본적인 프로그래밍 언어와 윈도 · 유닉스 · 리눅스 등 각종 운영 체제에 대한 깊은 이해, 그리고 iOS · 안드로이드 OS 등 모바일 운영 체제에 대한 지식과 활용 능력이 중요하다. 이밖에도 파일 시스템과 네트워크에 대한 이해가 필요하며, 정보처리산업기사나 정보관리기술사와 같은 정보 처리 관련 자격증을 취득하는 것도 도움이 된다.

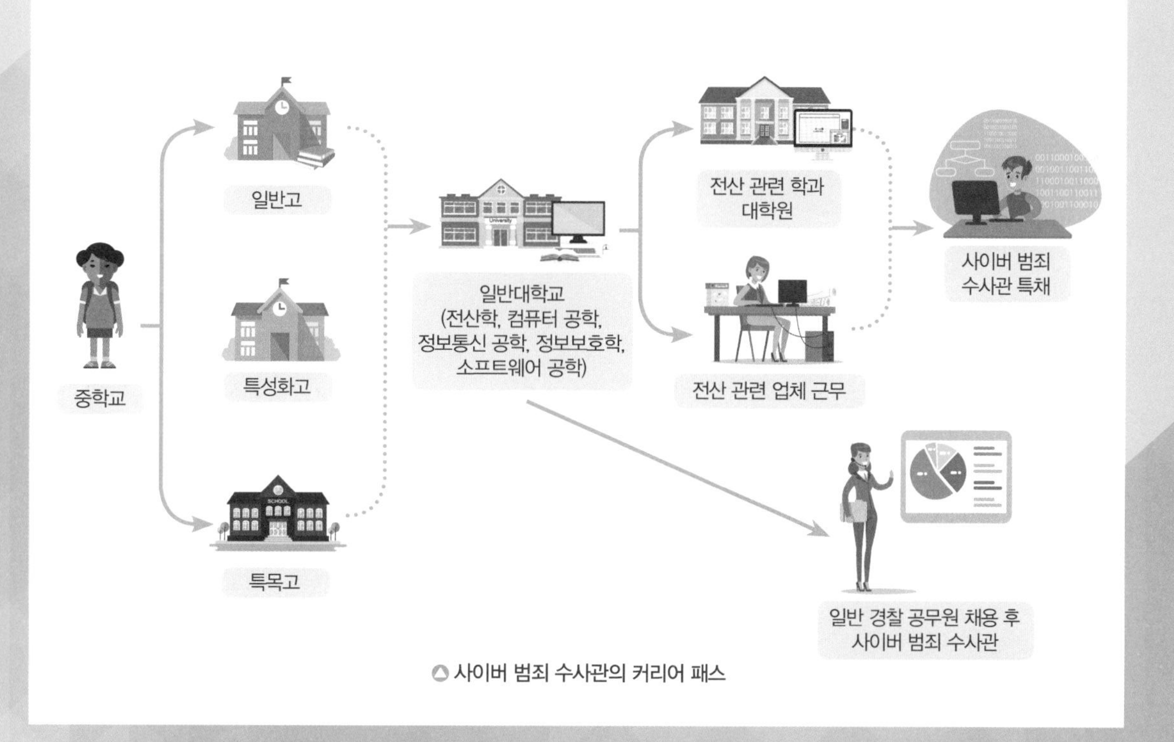

△ 사이버 범죄 수사관의 커리어 패스

정보보안학과

최근 인터넷과 SNS를 이용한 해킹과 각종 범죄 수법이 날이 갈수록 진화하고 있다. 정보보안학과는 해커의 침입과 각종 바이러스 발생에 대비해 보안 이론과 실무 보안 정책 능력을 갖추고 전산망 보안 및 유지를 전문적으로 담당하는 인재를 양성하는 학과이다. 높은 직업의식과 윤리 의식이 요구되는 미래형 디지털 전문가 육성을 학과의 교육 목표로 운영되고 있다.

사이버 범죄 수사관, 프로그래머, 컨설턴트, 네트워크 프로그래머, 시스템 소프트웨어 개발자, 컴퓨터 보안 전문가, 네트워크 관리자, 정보 시스템 컨설턴트, 정보 기술 컨설턴트, KMS 컨설턴트, 네트워크 컨설턴트, CRP 컨설턴트, 정보 보안 컨설턴트, ERP 컨설턴트, 시스템 컨설턴트, 보안 솔루션 개발자, 보안관제 전문가, 디지털 포렌식 전문가, 악성코드 분석 전문가 등

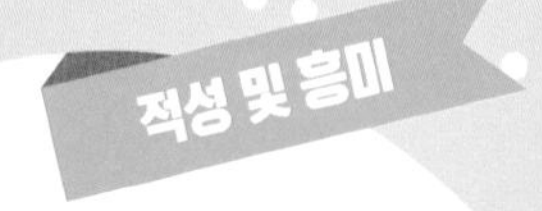

평소 정보 통신, IT 기기, 컴퓨터 소프트웨어, 컴퓨터 보안 분야에 흥미와 관심이 있다면 이 학과에 관심을 가져 볼 만하다. 특히, 통신 기기나 컴퓨터를 다루는 실력이 뛰어나다면 학과 공부에 많은 도움이 된다. 논리적인 사고력과 과학적인 응용력 및 정확한 판단력, 기계나 사물의 원리에 대한 호기심과 탐구심도 요구된다.

정보보호학과, 융합보안학과, 융합보안과, 소프트웨어보안전공, 사이버안보학과, 정보통신보안학과, 사이버경찰보안학과, 사이버경찰학과, 사이버보안경찰학과, 사이버수사경찰학부 등

중·고등학교
학교생활 포트폴리오

★동아리 활동★

컴퓨터나 프로그래밍 또는 경찰관이라는 직업과 관련된 동아리 활동을 통해 컴퓨터 실력을 키우고 경찰관이라는 직업에 필요한 소양을 키운다.

★봉사 활동★

공공 기관이나 경로당, 보육원 등에서 지속적인 봉사 활동에 참여한다.

★독서 활동★

공학, 컴퓨터, 보안, IT 관련 분야의 책과 잡지 등을 꾸준히 읽는다.

★교과 공부★

수학, 정보 관련 수업 활동에서 공학적 역량을 기를 수 있도록 적극적으로 수업에 참여한다.

★교외 활동★

정보 및 컴퓨터 관련 진로 체험 활동에 적극 참여하고, 컴퓨터 프로그래밍 실력을 배양하며, 기초 체력을 키우는 활동을 권장한다.

※ 수학, 정보 교과 수상 실적이나 교내 컴퓨터 경진대회, 외부에서 주관하는 컴퓨터 프로그래밍 경진 대회 참여 경력도 도움이 된다.

자격 및 면허

★ 국내 자격★

정보처리기사,
전자계산기조직 응용기사, 네트워크 관리사,
정보처리(산업)기사, 정보보안(산업)기사,
정보보호전문가(SIS), 정보보호관리사(SMAT),
전자상거래관리사, 인터텟보안전문가, 리눅스마스터,
PC정비사 등

★ 해외 자격 ★

CISSP(국제공인 정보시스템 보안전문가),
CISA(국제공인 정보시스템감시사),
CEH(국제윤리적해커)

진출 분야

★기업체★

네트워크 및 보안업체, 대기업 및 그룹사 전산실, 금융기관 전산실, 포털 업체, 컴퓨터 관련 대기업, 전자상거래 쇼핑몰 관련 업체 등

★정부 및 공공 기관★

국가정보원, 경찰청 사이버 안전국 등 정부기관, 한국인터넷진흥원(KISA), 한국전자통신연구원(ETRI) 등 정보 보안 관련 국책 연구소, 국방부 관련 정보 보안 장교(ROTC 및 학사) 및 준사관

07 생명 공학 연구원

1. 생명 공학 연구원의 세계

수술이나 약물 치료가 어려운 각종 난치병 환자들의 유전자에서 문제가 되는 부분을 잘라 없애 질환을 치료하는 기술을 유전자 가위 기술이라 한다. 인간의 유전자를 마음대로 조작해도 되는지 혹은 이를 잘못 사용할 위험은 없는지 여전히 뜨거운 논란이 계속되고 있지만, 이 기술은 인간의 오랜 꿈인 무병장수를 실현해 주는 기술로서 전 세계적으로 관심을 끌고 있다.

이처럼 인간의 유전체나 생체 물질 또는 생물학적 시스템을 이용하여 인간의 수명을 연장하고 산업적으로 유용한 제품을 만들어 내는 학문 분야를 생명 공학이라 한다.

생명 공학은 다양한 연구 성과를 바탕으로 각종 새로운 물질을 만들어 내거나 가공 · 조작 과정을 거쳐 기술 개발을 완성한다. 예를 들어 당뇨병을 치료하기 위해 인슐린을 만들어 내거나 척추 부상으로 마비된 환자의 기능을 회복시킬 수 있는 신경세포를 길러내는 것 등을 들 수 있다. 몇 년 전 세계적으로 유명한 영화배우가 자신의 유전 인자가 특정한 암에 걸릴 확률이 무려 87%에 이른다는 사실을 알고 해당 암에 걸리지도 않았는데도 관련 부분을 절제하는 수술을 한 사례가 있다. 이렇게 질병의 발생 가능성을 예측하여 그에 맞는 조치를 미리 취할 수 있게 된 것도 생명 공학 기술의 발전과 밀접한 관련이 있다. 이처럼 생명 현상과 관련된 다양한 연구 활동을 하는 사람들을 생명 공학 연구원이라 한다.

2. 생명 공학 연구원이 하는 일

생명 공학 연구원은 의학 및 과학 분야에서 다양한 활동을 한다. 주로 사람의 유전자에 대한 연구, 암과 같은 난치병을 예방하고 치료 기술을 개발하는 연구, 의료 기기와 생체 자료를 만들어 내는 기술들을 연구한다.

에너지 부족과 식량 자원 문제를 해결하기 위해서 대체 에너지와 생명 자원을 확보하고 활용하는 방안을 연구한다.

미생물이나 동식물, 효소를 이용하여 물질을 생산 · 분해 · 변환하고 이 과정을 통해 얻은 지식과 기술을 인간 생활에 응용하는 방법을 연구한다.

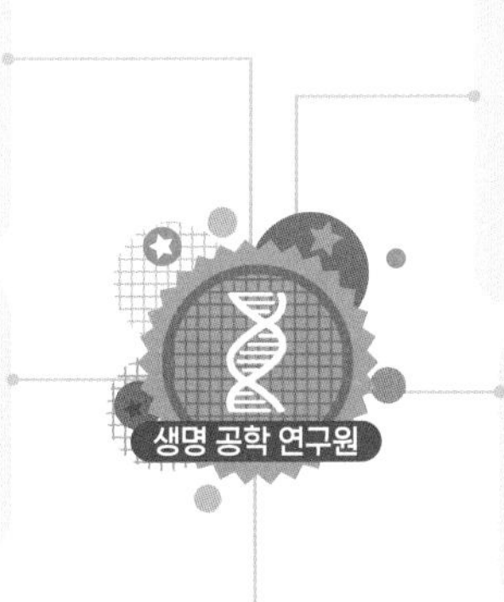

의학, 약학, 화공, 환경 공학 분야의 전문가들과 협력을 통해 새로운 생명 공학 기술을 개발하는 연구를 한다.

전자 현미경과 같은 최첨단의 실험 도구나 컴퓨터 등을 이용하여 연구를 수행하며 실험동물 등을 다루기도 한다.

DNA 조작을 통한 새로운 물질을 만들기 위한 연구, 각종 동물의 체세포나 혈액 등의 실험을 통한 의약품, 화학제품, 바이오 식품 등의 제품 개발을 한다.

생명 공학 연구원들은 실험 결과를 얻기 위해 오랜 시간 동안 연구해야 할 때가 많아 야근을 자주 하거나 출퇴근 시간이 불규칙한 경우가 많다. 대부분의 연구는 연구실이나 실험실 등에서 진행되지만 에너지, 자원, 농업, 해양 등의 연구는 특성상 야외에서 활동하기도 한다. 연구 과정에서 위험한 유독성 물질 등을 사용할 때가 있으므로 안전 수칙 등을 철저히 지켜야 한다.

3. 생명 공학 연구원에게 필요한 능력

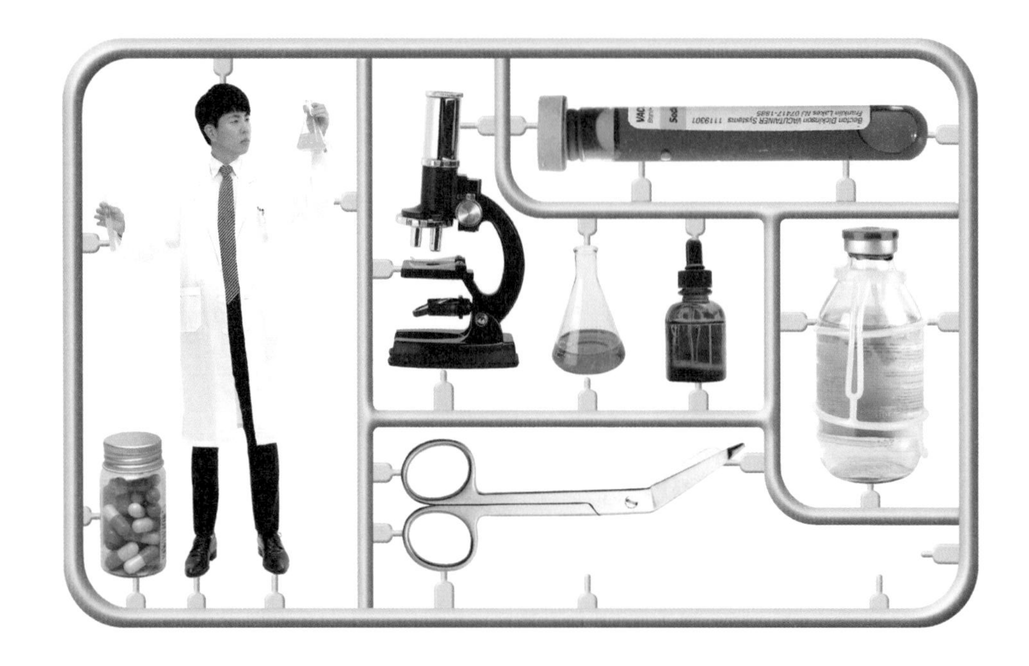

생명 공학 연구원은 생명체를 대상으로 연구를 진행하기 때문에 생명의 고귀함과 존엄성을 가장 중요하게 여기는 올바른 생명윤리 의식이 반드시 요구된다. 수많은 연구 과정에서 어려운 상황에 부딪히는 경우가 많으므로 이를 견딜 수 있는 인내심과 정신력도 갖추는 것이 좋다. 대부분의 생명 공학 연구는 팀을 이루어 진행되고 다른 분야의 연구자들과 협력하여 진행되므로 원만한 대인 관계 능력과 협동심도 필요하다. 아울러 생명 현상을 체계적으로 분석하기 위한 수학적 능력과 첨단 기술을 활용하고 이에 대처할 수 있는 창의적이고 개방적인 사고 능력도 필요하다.

생명 공학 연구원은 논리적이고 분석적인 사고력, 추론적 판단 능력, 새로운 것을 발견하려는 끊임없는 호기심과 창의력, 관찰력이 필요하며 실험실에서 오랫동안 실험하고 분석하는 일이 많기 때문에 꼼꼼함, 세밀함, 인내심, 문제를 해결하려는 적극적인 자세가 요구된다.

4. 생명 공학 연구원과 관련된 학과 및 자격증

- **관련 학과:** 생명공학과, 생명과학과, 생명자원학과, 생물학과, 생물공학과, 미생물학과, 생명과학과, 생명공학과, 유전공학과, 농업생명과학과, 의학과, 수의예과, 약학과 등
- **관련 자격:** 생물공학기사

그것이 알고 싶다 생명 공학 기술이 활용되는 분야를 알아볼까?

5. 생명 공학 연구원의 직업 전망

많은 경제 관련 연구소에서 21세기 중반부터 생명 공학 산업이 사회 · 경제를 선도할 것으로 예측하고 있다. 생명 공학은 각종 생물 자원을 연구하여 이를 산업적으로 이용할 수 있는 소재 및 가공 공정을 개발 · 응용하므로 향후 진출 분야 및 가능성이 더 확대될 것으로 보인다. 또한 생명 공학은 의(공)학, 약학, 화학 공학, 정보 기술, 환경 공학, 재료 공학, 전자 공학, 식품, 기계 공학, 전기 공학, 에너지 공학 등과의 융합으로 새로운 분야를 개척할 가능성이 매우 높기 때문에 미래 활용도는 더욱 커질 것으로 기대된다. 우리나라의 국가경쟁력을 높이는 데도 생명 공학 분야가 매우 중요한 역할을 담당할 것이다.

삶의 질을 향상시키고 건강한 삶을 살아갈 수 있도록 도움을 주는 생명 공학 기술은 식량, 질병, 물, 에너지와 환경 문제 해결 등에 이바지할 수 있는 핵심적인 과학 기술이므로 정부의 적극적인 정책 지원이 강화될 것이다.

줄기세포 연구, 뇌 연구 및 신약 개발, 인공지능 연구, 휴머노이드(인간의 신체와 유사한 모습을 갖춘 로봇), 환경 정화 능력이 탁월한 식물이나 미생물 개발, 분해되지 않는 석유화학 제품이나 플라스틱을 대신할 생분해성 소재 개발, 의료기기 · 인공장기 · 나노 바이오칩 · 유전자 등에 대한 연구도 많아질 것이다.

생명 공학 연구원과 관련 있는 직업

생명 공학 연구원과 관련된 직업으로는 유전 공학 연구원, 생물 공학 연구원, 인체 공학 연구원, 생명 정보 연구원, 물리학 연구원, 화학 연구원, 생물학 연구원, 수산학 연구원, 식품학 연구원, 농학 연구원, 축산 및 수의학 연구원, 의학 연구원, 약학 연구원, 바이오 에너지 연구 및 개발자 등이 있다.

유전 공학 연구원

생명 현상의 기본 물질인 다양한 유전자를 인위적으로 다시 조합하여 인간의 삶에 필요한 의약 물질, 건강 기능성 물질 등을 값싸게 생산하거나 새로운 형질의 생명체를 만들어 내고 실용화하는 기술을 연구하는 사람이다. 사람의 몸체를 포함한 동물, 식물 그리고 미생물 등의 세포 내에서 이루어지는 생명체 활동의 기본 현상과 원리를 찾아내는 연구 활동을 주로 한다.

유전 공학 · 의학 · 약학 등 관련 학문에 대한 지식을 가지고 있어야 하며, 창의적이고 열린 사고 능력을 갖추어야 한다. 긴 시간 동안 연구가 진행되기 때문에 체력과 끈기, 인내심과 문제 해결 능력, 논리적 사고, 분석력, 정확한 판단력이 요구된다.

생물 공학 연구원

물이나 음식물 쓰레기 등에서 나오는 미생물 · 동식물과 효소를 이용하여 물질을 생산 · 분해 · 변환하고, 이를 통해 얻은 지식과 기술을 인간 생활에 활용하기 위한 연구를 수행하는 사람이다. 의학, 약학, 화공, 환경 공학 등의 다양한 분야의 전문가들과 협업 연구를 통해서 유전자 재조합, 생물 공정 기술 등을 개발한다. 실험동물의 체세포나 혈액을 분리 · 조작하는 실험을 통해 새로운 생물 의약품, 생물 화학 제품, 바이오 식품 등의 신제품도 개발한다.

생명 공학 연구원

생명 공학 연구원이 되려면 대학의 생물학과, 생명공학과, 생명과학과, 유전공학과, 수의예과, 생화학과 등에 진학해서 생명 공학을 연구하는 데 필요한 기초 과학 지식을 쌓은 후에 대학원의 전공 분야에서 석사 및 박사 학위를 받아야 한다.

생명 공학 연구원의 직급은 보통 연구 보조원 · 연구원 · 선임 연구원 · 책임 연구원으로 구분할 수 있고, 선임 연구원이나 책임 연구원이 되기 위해서는 3~7년 정도의 생명 공학 분야의 실무 경험과 박사 학위가 있어야 한다.

생명 공학 연구원이 가장 많이 진출하는 분야는 학계와 연구소이다. 거의 모든 대학교에 생명 공학이나 생명 과학 관련 학과가 있어 교수로 진출하는 경우도 많고 한국생명공학연구원 · 보건환경연구원 등의 정부 출연 연구소와 식품의약품안전처 · 보건복지부 등의 정부 기관, 생명 공학 연구소, 의약 관련 연구소, 농촌진흥청, 국립과학연구소 등에 진출하는 경우도 많다. 인간의 활동과 관련 있는 거의 모든 산업이 생명 공학과 관련 있다고 할 수 있어 생명 공학 관련 벤처 기업, 의약품 제조업체, 식품 제조업체, 화학제품 제조업체, 바이오 기기 회사에서도 생명 공학 연구원을 채용한다.

정부 출연 연구소의 경우 보통 연초나 연말에 공개 채용이 있는 편이지만, 필요한 인력이 발생 시 관련 분야별로 수시 채용이 이루어지는 경우도 많다. 채용 시에는 주로 전공과 연구 경력이 주된 평가 요소가 된다.

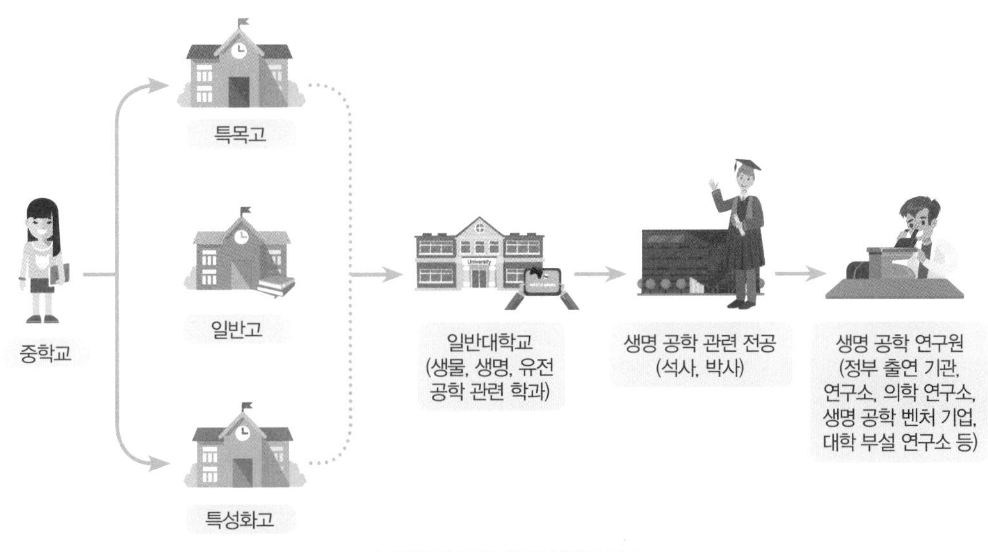

△ 생명 공학 연구원의 커리어 패스

생명공학과

생명체에서 벌어지는 다양하고 복잡한 생명 현상을 연구하여 그것을 기반으로 의료, 보건, 식량, 환경, 에너지, 농업, 자원 등 다양한 분야에 걸친 과학 기술을 연구하는 학문이다.
생명 공학적 기초 지식을 바탕으로 생명 소재를 공학적으로 응용하고, 생물 · 물리 · 화학 및 공학적 개념을 기본으로 제4차 산업 혁명의 핵심 분야인 다양한 생명 공학 기술의 실현에 기여할 전문 인력을 양성하는 학과이다.

바이오 에너지 연구 및 개발자, 변리사, 생명 과학 시험원, 생명 정보 학자, 생물학 연구원, 수산학 연구원, 식품 공학 기술자, 약학 연구원, 신약 개발 연구원, 의학 연구원, 자연 계열 교수, 재료 공학 기술자, 환경 공학 기술자, 환경 영향 평가원 등

생명체와 생명 현상, 그리고 자연에 대해 관심을 갖고 있어야 한다. 생물, 영어, 수학, 물리, 화학 등 자연 계열 과목에 흥미를 느끼고 실험 및 연구를 좋아하는 학생이면 좋다.
생명 공학은 여러 가지 학문과 융합된 학문이므로 논리적인 사고나 통찰력, 도전 정신, 분석력을 갖추어야 하고 많은 실험과 실습을 하게 되므로 인내심도 필요하다.

생명공학부, 화공생명공학과, 생명과학과, 의생명공학과, 생물학과, 미생물학과, 응용생물공학부, 분자생물학과, 화학생물공학부, 농생물학전공, 생명과학부, 생명화학공학부, 식물생명공학부, 생명분자공학부, 바이오학부, 동물생명공학전공, 생명환경학부, 해양생명의학과 등

중·고등학교
학교생활 포트폴리오

★동아리 활동★

자연 계열 및 공학 계열 관련 동아리 활동을 통해 기초 소양을 키운다.

★봉사 활동★

공공 기관이나 경로당, 보육원 등에서 지속적으로 봉사 활동을 한다.

★독서 활동★

생물, 생명, 공학 관련 독서 활동 등을 통해 이공계 관련 지식 및 생명 현상에 대한 지식을 쌓는다.

★교과 공부★

생물, 화학, 물리, 수학, 영어 교과 수업 활동에서 이공계 및 자연 현상에 대한 기본 역량이 발휘될 수 있도록 적극적으로 수업에 참여한다.

★교외 활동★

과학 진로 체험 활동에 적극 참여하고, 과학관 탐방, 벤처 기업 탐방 등의 활동을 통해 관련 학과 진로 체험 활동을 권장한다.

※ 생물, 화학, 물리, 수학 교과 수상 실적이나 과학 탐구 대회 등 수상 실적이 도움이 된다.

자격 및 면허

생물분류기사(동물),
생물분류기사(식물), 대기환경기사,
수질환경기사, 폐기물처리기사,
자연생태복원기사, 생물공학기사,
식품기사, 대기환경기사, 수질환경기사,
수산질병관리사 식물보호기사,
종자기사 등

진출 분야

★기업체★

대기업 생명 관련 연구소, 의약품 제조업체, 바이오 신소재 제조업체, 생물 산업, 건강기능성 식품 제조 및 가공업체, 의료기기 제조업체, 화장품 회사, 식품 회사, 나노 공학 제조업 등

★정부 및 공공 기관★

국립보건연구원, 국립암센터, 한국원자력의학원, 한국생명공학연구원, 화학연구원, 농업생명과학연구원, 식품의약품안전처, 국립과학수사연구원, 농림축산검역본부 등

★공무원★

농림수산식품부, 환경부, 식품의약품안전청

08 생물학 연구원

1. 생물학 연구원의 세계

최근에 자주 발생하고 있는 조류 인플루엔자(조류 독감)는 닭이나 오리 등의 조류에게 감염되는 바이러스성 질환으로, 주로 철새들의 배설물이나 호흡기 분비물 등에 의해서 전파된다. 이러한 조류 인플루엔자가 가축이나 사람에게 전염되어 피해가 가지 않도록 예방 백신을 개발하기 위해 많은 사람이 실험실에서 노력을 기울이고 있는데, 그 개발 과정에서 중요한 역할을 담당하는 사람이 생물학 연구원이다.

그리스어에서 'bios'는 '생명'을, 'logis'는 '학문'을 의미한다. 생물학(biology)은 이 두 단어가 합쳐진 것으로, 생명에 대한 학문이나 이론을 일컫는다. 생물학은 일상생활에 밀접히 관련되어 있고, 우리의 삶을 윤택하게 하는 중요한 역할을 하는 기초 학문이다.

생물학은 생물의 구조, 기능, 생장, 기원, 진화, 서식, 분류 등을 탐구한다. 질병을 막고 치료하는 것뿐만 아니라, 여러 생물 종들이 사라져 가는 현실에서 지구상의 모든 생물이 함께 잘 살 방법을 찾는 데도 생물학이 커다란 역할을 하고 있다. 주요 연구 분야는 세포 이론, 진화, 유전자, 에너지, 항상성 등을 들 수 있다.

2. 생물학 연구원이 하는 일

생물학 연구원은 동물, 미생물, 식물, 인체 등으로 분야를 나누어 연구 활동을 수행한다. 동물 분야에서는 동물 복제 기술, 동물 형질 전환 기술, 실험동물 생산과 이용 기술 등을 연구한다. 미생물 분야에서는 미생물 유전체 해석 및 기능 연구, 미생물 대사 산물 이용 기술, 미생물의 농업 · 환경 · 식품 이용 기술 등을 연구한다. 식물 분야에서는 식물 유전체 해석 및 기능 연구, 식물 조직 배양 기술, 식물 형질 전환 기술 등을 연구한다. 인체 분야에서는 주로 인간 유전체 해석 및 기능 연구, 암 등 난치병 예방 및 치료 기술 개발, 의료 기기 및 의료용 생체 재료 기술 등을 연구한다.

생명체의 기원과 발달, 해부, 기능 관계 및 기타 원리를 연구하고 연구 결과를 다른 분야에 직접 적용하거나 응용하는 방법을 연구한다.

자연환경 상태에서의 생물의 생태학적 특징과 행동을 관찰하여 생명체의 발전, 구조, 분포, 환경, 상호관계 및 기타 생활 방식에 대해 현장 조사를 하거나 실험실에서 연구를 한다.

표본을 수집 · 검사 · 분류 · 보관하고, 질병 및 기타 문제의 연구를 보조한다.

현미경, 해부기 등 다양한 실험 장비를 사용하여 생물 표본 등을 연구한다.

연구를 통해 밝혀진 자료를 조정, 분석, 평가하고 농업 및 약품 제조 등의 분야에 사용하기 위한 연구 및 생물학 관련 보고서 작성 등을 한다.

그것이 알고 싶다 생물학과 생명 공학은 어떻게 다를까?

생물학은 생물과 그 주변 환경의 상호 관계 속에서 의생명과학(인간 중심의 생명체와 생명현상을 탐구함으로써 인류의 복지에 기여하는 학문)이나 생태 환경 분야를 연구한다. 즉 조류, 반려동물, 가축, 야생 동물과의 접촉이나 먹이 사슬을 통해 인간 생태계에 유입되는 질환 등을 연구한다.

생명 공학은 환경오염, 식량 문제, 인구, 의료 등 여러 분야의 문제 해결을 위해 생겨난 학문이다. 생명 현상을 연구함으로써 우리 생활에 필요한 제품을 개발하는 데 필요한 공부를 한다. 주로 '질병 치료'에 초점을 두고 있어 의학 및 약학 분야와 연계하여 연구가 이루어지고 있다.

3. 생물학 연구원에게 필요한 능력

생물학 연구원은 동물, 식물, 미생물 등의 생성 · 성장 및 소멸과 같은 생명 현상에 호기심을 가지고 관찰하는 것을 즐겨야 하며, 문제에 대한 해답을 찾기 위해 정보를 분석하거나 논리적으로 설명하는 능력이 필요하다. 또한 자연 과학 전반에 대한 지식과 자연 법칙, 그리고 과학적 연구 방법을 이해하고 적용할 수 있는 논리력 · 추리력 · 관찰력 등이 요구된다.

대부분 연구가 오랜 시간에 걸쳐 진행되므로 연구 과제에 대해 끝까지 연구할 수 있는 계획성, 인내심, 꼼꼼함, 세밀함, 성실한 마음가짐도 필요하다. 또한 팀을 구성하여 연구하는 경우도 많아 다른 연구원들의 의견을 존중하고 받아들이는 원만한 대인 관계 능력을 갖추는 것도 중요하다.

학창 시절에 생물 · 화학 · 영어에 대한 호기심이 많고, 원리 탐구를 좋아하며, 끈기와 집중력 및 성실성을 갖춘 학생들이 생물학 연구원 직업과 적성이 맞는 편이다.

4. 생물학 연구원과 관련된 학과 및 자격증

- **관련 학과**: 생물학과, 생물공학과, 미생물학과, 생명과학과, 생명공학과, 유전공학과, 바이오생명과, 농업생명과학과, 해양생물공학과, 동물생명자원과학과, 동물생명공학과, 동물생명시스템학과, 동물자원과학과, 동물자원식품학과, 동물생명과학과, 동물소재공학과, 동물자원생명과학과, 동물바이오시스템과학과 등
- **관련 자격**: 생물공학기사, 생물분류기사

5. 생물학 연구원의 직업 전망

생물학 연구원의 활동 영역은 매우 광범위하다. 제약 회사나 화장품 회사의 연구소, 화학, 농산업, 공공 기관, 대학, 병원 등 다양한 곳에서 생물학 연구원을 채용하고 있다.

미래에는 생물학 연구원의 고용이 더욱 증가할 것으로 전망된다. 생물학은 기후 변화 및 고령화 등 인류의 큰 고민을 해결하는 핵심 기술일 뿐만 아니라 보건, 의료, 생물

정보, 환경, 에너지 등 다른 분야의 기술과의 학문적 융합을 통해 응용 범위도 확대되고 있기 때문이다.

최근에는 IT 시대 이후 대표적인 유망 분야로 생물학, 바이오, 스마트 헬스케어, 생명 공학 분야들이 부상하고 있다. 정부는 바이오 연구 · 개발(R&D) 투자를 확대하고 세제 지원, 신약, 의료기기 등의 분야를 새로운 성장 동력으로 정하고 많은 지원을 확대하고 있다. 이런 움직임은 생물학 연구원 직업 분야의 인력 채용에 긍정적인 요소로 작용할 것으로 전망된다.

바이오 산업이 혁신 성장의 핵심 동력으로 부상하면서 이에 대한 정부 투자와 지원이 확대되고 있다. 22일 생명공학 육성 시행계획에 따르면 정부가 올해 바이오 분야 연구개발(R&D)과 사업화, 바이오 혁신 생태계 조성 등에 투자하는 금액은 작년보다 2.9% 늘어나 총 2조9300억여 원에 달한다. 구체적으로는 혁신 신약, 의료기기 등 신기술 개발 지원과 정밀의료 · 유전체 정보 등 빅데이터 활용 플랫폼 구축을 통해 바이오기술(BT)과 정보통신기술(ICT) 융 · 복합을 촉진하기로 했다. 특히 치매, 감염병, 생활환경 등 국민건강과 생활편익 증진에 기여하기 위한 예방 · 진단 · 치료 기술 개발에 주력한다는 방침이다. 출처: 매일경제(2019.04.22.)

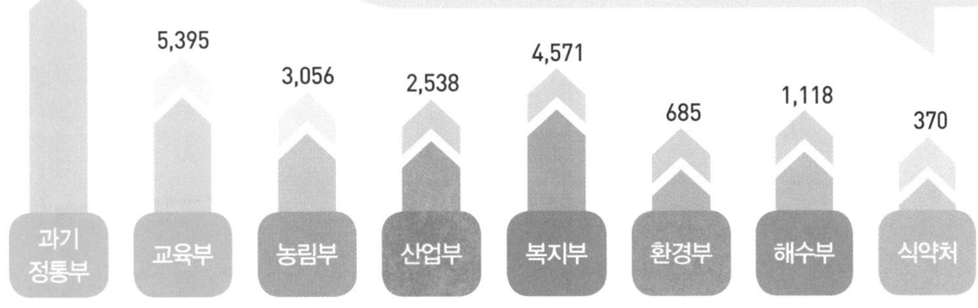

△ 2019년도 바이오 R&D 부처별 투자계획(단위: 억 원)

생물학 연구원과 관련 있는 직업

생물학 연구원과 관련된 직업으로는 생명 과학 연구원, 미생물학 연구원, 생명 정보 연구원, 생명 과학 시험원, 생명 정보 학자, 식물학 연구원, 세균학 연구원, 생태학 연구원, 우주생물학 연구원 등이 있다.

우주생물학에 대해 알아볼까?

우주생물학은 생물의 탄생과 진화의 과정을 밝혀 지구 외의 다른 천체에 생명체가 존재하는지, 그리고 이런 생물들의 생명 유지 활동이 일어나는지 예측하는 학문이다.

지구 이외의 다른 행성에도 생명체가 살지도 모른다는 생각은 오래전부터 있어 왔다. 1600년에 이탈리아의 신학자인 조르다노 브루노가 외계 생물의 존재를 인류 역사상 처음으로 주장했고, 네덜란드의 천문학자인 크리스티안 하위헌스도 외계 생물의 존재를 주장하였다. 동양에서는 조선의 실학자인 홍대용이 처음으로 외계 생물의 존재 가능성을 언급하였다.

우주생물학을 처음으로 학문적인 영역에서 다룬 사람은 영국의 생물학자인 앨프리드 러셀 월리스였고, 우주생물학이라는 학문을 처음으로 탄생시킨 인물은 미국의 천문학자인 칼 세이건이었다.

2012년, 미국항공우주국(NASA)과 미국의회도서관은 공동으로 우주생물학 연구원을 정식으로 채용했다. 우주생물학 연구원은 과학 기술 분야에 있어 우주생물학에 대한 중요성을 반영하고, 향후 우주과학 분야의 발전 및 생물체의 기원과 진화, 분포 그리고 우주 생활의 미래에 대한 연구를 진행하고 있다.

▲ 미국의 천문학자 칼 세이건의 소설을 원작으로 한 영화 'CONTACT'에서는 외계 지적 생명체에 대한 그의 상상력을 엿볼 수 있다.

▲ 2016년 8월, NASA는 국제우주정거장(ISS)에서 처음으로 생명체 DNA 염기서열 분석에 성공했다.

생물학 연구원

생물학 연구원이 되려면 대학에서 생물학과, 생물공학과 등 생물 관련 학과를 졸업하고 대학원에 진학하여 생물학 관련 분야의 석사 또는 박사 학위를 취득하는 것이 유리하다. 생물학 관련 학과에서는 자연 과학 분야의 기초 지식을 습득하고, 고학년이 되면서 생물학에 대한 전문적인 내용을 배운다. 대학원 과정에서는 자신이 관심 있는 세부 전공을 집중적으로 공부하고, 해당 분야 연구원이 되면 보통 석사 과정의 세부 전공을 중심으로 연구를 수행한다.

생물학 연구원은 공개 채용이나 특별 채용을 통해 생물 관련 기업 부설 연구소, 의약품 제조업체, 식품 제조업체, 화학제품 제조업체, 생명 기술 회사, 의과 대학병원의 기초 실험실 등에 연구원으로 채용된다. 정부 출연 연구소는 공개 채용 형식으로 연구원을 채용하는데, 이때 관련 분야 전공과 연구 경력이 가장 중요한 평가 요소이다.

학생 시절 다양한 연구 프로젝트에 참여하거나 관련 논문을 저널에 제출하는 등의 연구 경력을 쌓는 것이 필요하며, 연구 보조원이나 일부 정부 출연 연구소에서 시행하고 있는 현장 연수 프로그램에 참여하면 취업하는 데 많은 도움이 된다.

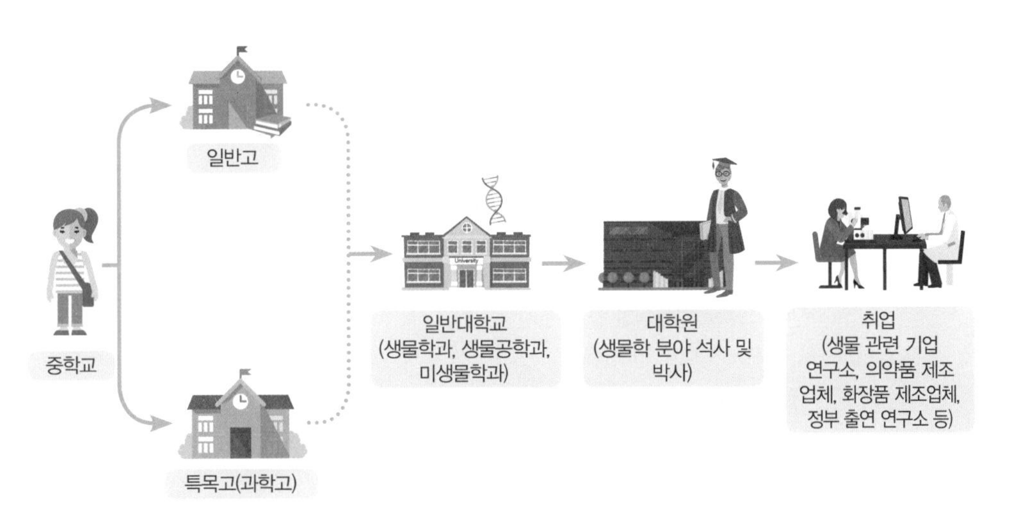

△ 생물학 연구원의 커리어 패스

생물학과

학과 소개

생명 과학의 기초를 교육하여 현대 생물학의 연구 기능을 전문적으로 수행할 인재를 양성하는 학과이다. 교육 과정은 크게 동물학, 식물학 및 미생물학 분야로 구성되어 있다. 생명 현상을 이해하기 위하여 분류학, 형태학, 생리학, 유전학, 발생학, 면역학 등을 배우며 이 현상을 밝혀내기 위해서 생화학, 분자생물학 등을 배운다.

진출 직업

생물학 연구원, 동물 사육사, 생명 과학 시험원, 생명 정보 학자, 수질 환경 기술자, 약학 연구원, 의학 연구원, 의약품 화학 공학 기술자, 자연 계열 교수, 화학 연구원, 환경 영향 평가원 등

적성 및 흥미

자연, 다양한 생명체, 생명 현상 등에 관심이 있어야 한다. 생물, 영어, 화학 등 자연 계열 과목에 흥미를 느끼고 실험 및 연구를 좋아하는 학생이면 좋다. 생물학이 여러 가지 학문과 융합되어 있으므로 논리적인 사고나 통찰력, 도전 정신, 분석력을 갖추어야 하고 많은 실험과 실습을 하게 되므로 인내심도 필요하다.

관련 학과

생물학과, 미생물학과, 응용생물공학부, 분자생물학과, 화학생물공학부, 농생물학전공, 생명과학부, 생명공학부, 화학생명공학과, 의생명공학과, 생명화학공학부, 식물생명공학부, 생명분자공학부, 바이오학부, 동물생명공학전공, 생명환경학부, 해양생명의학과 등

중·고등학교
학교생활 포트폴리오

★동아리 활동★

자연 계열 관련 동아리 활동에서 과제 탐구 활동 등을 통해 자연 계열 분야의 기초 소양을 키운다.

★봉사 활동★

공공 기관이나 경로당, 보육원 등에서 지속적인 봉사 활동에 참여한다.

★독서 활동★

생물, 생명 관련 독서 활동 등을 통해 자연 계열 기초 지식 및 생명 현상에 대한 지식을 쌓는다.

★교과 공부★

생물, 화학, 수학, 영어 교과 수업 활동에서 기본 역량이 발휘될 수 있도록 적극적으로 수업에 참여한다.

★교외 활동★

과학 및 생명 과학 분야의 진로 체험 활동에 적극 참여하고 과학관 탐방, 기업의 연구소, 대학 부설 연구소 등의 체험 활동을 권장한다.

※ 생물, 화학, 물리, 영어 교과 수상 실적이나 과학 탐구 대회 등의 수상 실적이 도움이 된다.

자격 및 면허

생물공학(산업기사, 기사),
생물분류기사(동물), 생물분류기사(식물),
대기환경기사, 수질환경기사,
자연생태복원기사, 생물공학기사,
식품기사, 대기환경기사, 수산질병관리사
식물보호기사, 식물보호산업기사,
종자산업기사, 종자기사 등

진출 분야

★기업체★
의약, 제약, 환경, 식품, 비료, 화장품,
생명 공학, 제조 관련 업체 등

★정부 및 공공 기관★
보건환경연구원, 한국생명공학연구원,
국립과학수사연구소, 한국해양과학연구원,
농업 · 임업 · 제약 · 생명 공학 · 식품 관련 민간 연구소 등

★공무원★
환경부, 보건복지부,
식품의약품안전처 등

09 손해사정사

1. 손해사정사의 세계

세상에는 교통사고를 비롯하여 각종 사고가 끊임없이 일어나고, 사람들은 그러한 사고가 일어날 경우를 대비하여 각종 보험에 가입한다. 사고가 일어나면 사람이나 물건 등에 입은 피해 상황에 대해 금전적인 보상이나 처리가 합리적으로 이루어져야 한다. 가령 교통사고가 발생하면 파손된 자동차의 피해 가격이 얼마인지, 다친 사람이 있으면 치료비가 어느 정도인지, 가해자가 부담해야 하는 금액은 어느 정도인지, 피해자는 어느 정도 금액을 보상받아야 하는지 등이 쟁점이 된다. 이때 보험 가입자에게 교통사고로 인하여 손해가 발생했을 금액이 얼마인지, 보험회사에서 지급해야 할 보험 금액은 얼마인지를 객관적으로 공정하게 산정하는 사람이 손해사정사이다. 자동차 사고뿐만 아니라 항공 사고와 같은 대형사고 그리고 일상의 크고 작은 사고 등에서도 손해사정사의 역할이 필요하다. 가령 가정의 욕실에서 넘어져 다친 경우에도 보험에 가입되어 있다면 손해액을 정확하게 산정하는 과정이 필요하다.

최근에는 보험이 점차 전문화되고 복잡해지면서 일반 소비자가 보험 약관을 이해하는 것도 쉽지 않아 피보험자나 피해자가 보험금을 청구할 때 어려움을 겪는 경우가 많이 발생하고 있다. 이럴 때 손해사정사의 역할이 매우 중요하다고 할 수 있다. 손해사정사는 보험산정인, 보험사정인, 손해사정인으로도 불린다.

그것이 알고 싶다 보험금 청구할 때 분쟁이 일어난다면?

보험금을 청구할 때 보험 설계사를 통하는 경우가 많은데, 그들은 보상에 관해 어느 정도 지식은 갖고 있지만 전문가는 아니다. 보험 설계사는 말 그대로 보험을 설계하는 것이 전문 분야이기 때문이다. 만약 보험금 청구 · 지급과 관련하여 소송으로 가게 된다면 그때는 보험 설계사가 아닌 변호사를 선임하여 정식으로 소송을 진행하는 것이 일반적이다. 이때 손해액(보험금)을 산정하고 관련 자료를 법정에 제출하는 것은 손해사정사가 처리하는 것이 더 정확하다. 손해사정사에게 업무를 의뢰할 때는 등록된 손해사정사인지 여부를 반드시 조회 · 확인해야 정확한 피해 보상을 받을 수 있다.

2. 손해사정사가 하는 일

한 명의 손해사정사가 모든 종류의 보험 사고 금액을 산출하는 것은 아니다. 손해사정사는 1종에서 4종까지 나뉜다. 1종 손해사정사는 화재 보험, 책임 보험, 기술 보험, 신용 손해 보험의 손해액을 계산한다. 2종 손해사정사는 해상 보험, 항공 보험, 운송 보험의 손해액을 계산하고, 3종 손해사정사는 자동차 보험 중 상해나 사망에 관한 피해액을 계산하는데, 사람의 신체와 관련된 '대인'과 차량 및 기타 재산상의 손해액을 계산하는 '대물' 두 종류로 나뉜다. 4종 손해사정사는 상해, 질병, 간병 보험의 손해액을 정한다.

손해 발생 사실을 확인하고 보험 약관 및 관계 법규 적용의 적정 여부를 판단하며, 손해액 및 보험금을 산정하고 기타 손해사정에 필요한 사항을 담당한다.

손해사정 업무와 관련한 서류 작성, 제출 대행, 손해사정 업무 수행 관련 보험회사에 대한 의견 진술 업무를 담당한다.

자동차 사고뿐만 아니라 그 밖에 발생하는 모든 사고의 재산상의 손해액을 사정하고 보험 사고로 인한 신체와 관련한 손해액 사정을 담당한다.

자동차나 비행기, 선박 등의 사고 이외에 다른 모든 보험 사고로 인한 재물과 관련된 재산상의 손해액 사정을 담당한다.

손해사정사는 일하는 형태에 따라 고용 손해사정사, 위탁 손해사정사, 독립 손해사정사로 나뉜다. 고용 손해사정자는 말 그대로 보험사에 고용된 손해사정사를 말하고, 위탁 손해사정사는 보험사로부터 조사 위탁을 받아 보험회사와 서로 협력하는 손해사정사를 말한다. 독립 손해사정사는 일반인들이 법률 지식이 부족할 때 변호사의 도움을 받는 것처럼 보험 지식이 부족한 일반 소비자들을 위한 손해사정 업무를 주로 맡는다.

3. 손해사정사에게 필요한 능력

손해사정사는 사고가 발생했을 때 가해자와 피해자 사이에서 공정하게 손해액을 평가해야 하기 때문에 객관성과 공정성을 갖추어야 한다. 또한 손해액 산정과 같은 수리적 계산을 많이 해야 하기 때문에 수리 능력이 필요하고, 표나 그래프와 같은 도형을 이해하는 능력과 관련 자료를 정확하게 제시할 수 있는 능력도 있어야 한다.

손해사정사에게는 원활한 의사소통 능력도 필수인데, 피해자와 보험사가 만족할 만한 손해액을 산정하고 양측 사이에서 협의를 진행해야 하기 때문이다. 다양한 사람들을 대상으로 한 설득력과 화술은 손해사정사가 갖추어야 할 중요한 능력 중 하나이다.

그리고 사고가 발생했을 때 누가 가해자이고 누가 피해자인지를 가려내야 하기 때문에 면책(책임이나 책망을 면함) 범위 등에 대한 법률적 지식과 함께 의료 지식, 최근 법원 판결 사례 등도 파악해야 한다. 손해액을 결정하기 위해 필요한 모든 사람들을 만나야 하는 만큼 활발하고 적극적인 자세와 냉철한 판단력이 필요하고 스트레스를 적절히 잘 해결하고 이겨낼 수 있어야 한다. 신뢰감과 리더십이 있는 사람들에게 유리하고, 직업 흥미 유형 중 관습형과 사회형의 흥미를 가진 사람에게 적합한 직업이다.

손해사정사라는 직업은 정년에 구애받지 않고 독립 손해사정사로 활동할 수 있다는 점이 매력 중 하나이다. 그러나 업무 강도가 높고, 특히 감정 스트레스 지수가 매우 높은 직업에 속한다.

4. 손해사정사와 관련된 학과 및 자격증

- **관련 학과**: 경영학과, 경영회계정보과, 금융보험과, 금융보험학과, 법학과, 세무학과, 세무회계과, 수학과, 통계학과
- **관련 자격**: 손해사정사, 보험중개사, 보험심사역, 보험계리사, 종합자산관리사

그것이 알고 싶다 자동차 사고가 났을 때 손해사정사는 어떤 절차로 업무를 진행할까?

01 사고 조사
보험 사고가 접수되면 사고 현장 확인 및 차주와의 면담을 통해 사고 원인을 찾아 보험 사고 여부를 확인하고, 당사자 간 잘잘못의 비율(과실)을 결정한다.

02 피해물 관리
사고로 파손된 차량 및 기타 물건을 확인하고 정비업체 또는 피해물 복구업체와 수리 방법 및 범위를 확정하여 완전한 수리가 될 수 있도록 관리 · 감독한다.

03 보험 범죄 조사
보험 사고가 사회적으로 악용되는 것을 방지하고 선의의 보험 계약자를 보호하기 위하여 수사기관들과의 공조를 통해 보험 범죄를 적발하는 등 사회 공헌을 실천한다.

04 보험금 산정
피해물 수리가 완료된 후 소요된 비용의 적정성을 판단하여 지급할 보험금을 산정한다.

05 고객 서비스
단순히 보험금의 지급을 위한 업무뿐 아니라 사고로 인한 고객의 아픔과 어려움을 공감하고, 이를 해결하기 위해 최선의 방법을 제시하는 컨설턴트 역할을 한다.

5. 손해사정사의 직업 전망

자동차 보유대수의 증가로 교통사고가 증가하면서, 객관적이고 공정한 손해 보상을 요구하는 사람들이 늘어나고 있다. 또한 관련 업무의 증가로 손해사정사 인력에 대한 수요가 증가하고 있는데, 손해보험회사 등 관련 기관의 전문 인력 수요에 비해 공급이 부족한 실정이다. 더욱이 과거와 달리 보험회사뿐만 아니라 사고를 당한 피해자 측에서도 적정 보험금을 계산할 수 있도록 손해사정회사 등 제3자에게 손해사정 업무를 의뢰할 수 있게 된 것도 개인 손해사정 사무소 개업 등 손해사정사 일자리를 밝게 하는 요인이다. 손해사정사 자격증이 있으면 퇴직 후에도 계속 일할 수 있다.

손해사정사와 관련 있는 직업

손해사정사와 관련된 직업으로는 자동차 보험 손해사정사, 해상 보험 손해사정사, 화재 특종 보험 손해사정사, 보험 설계사, 보험 계리사, 보험 인수 심사원 등이 있다.

○ 보험 계리사

보험 계리사는 새로운 보험 상품을 개발하고 통계 기법을 활용하여 보험회사에서 발생할 수 있는 위험 요인을 분석하는 직업이다. 필요한 보험 상품이 무엇인지, 적당한 보험료는 어느 정도인지 등을 고려하여 보험 상품을 개발한다. 보험 상품이 개발된 후에는 판매 지원 자료를 작성하고, 보험 상품이 제대로 운용되고 있는지 관리 감독도 한다. 보험료를 계산하고 보험률의 산정과 조정 및 검증, 잉여금의 합리적인 배분을 결정하는 것도 보험 계리사의 역할이다.

손해사정사

손해사정사로 활동하려면 금융감독원에서 주관하여 연 1회 시행하는 손해사정사 시험에 합격한 후 금융감독원, 보험회사, 보험협회, 손해사정업 법인체 등에서 관련 업무에 대해 6개월의 실무 수습을 받은 후에 금융감독원에 등록해야 한다. 시험 응시에 자격 제한은 없지만 대학에서 금융보험학, 경영학, 통계학, 세무학, 법학 관련 학과를 전공하는 것이 유리하다. 최근에는 외국 보험회사의 국내 진출과 국내 보험회사의 외국 진출이 늘고 있기 때문에 영어회화 및 제2외국어 능력을 갖추면 취업과 승진 및 기타 외국으로 파견 근무의 기회가 있을 때 유리하다.

보험사에서 근무하는 손해사정사들은 일정 기간 실무 경력을 쌓은 뒤 개인 사무소를 열거나 손해사정법인으로 진출할 수 있다. 독립 손해사정사로 활동하려면 자격증을 반드시 취득해야 한다.

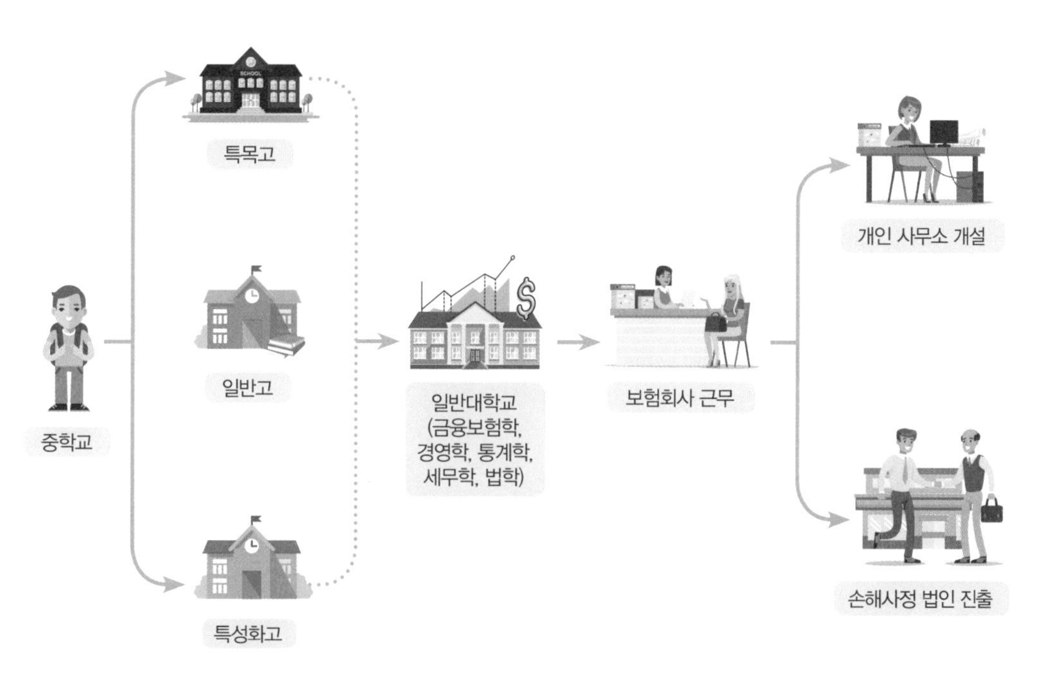

손해사정사의 커리어 패스

금융경제학과

금융 경제 이론을 바탕으로 현장감 있는 금융 실무 관련 지식을 습득하고 은행, 증권, 보험 등 각 금융 분야 현장에서 경제 흐름을 정확히 볼 줄 아는 시각과 국제적 금융 시장의 흐름에 대한 안목을 키워주는 학과이다.

경제 이론을 바탕으로 하여 금융경제학 및 기업 금융, 주식, 채권, 옵션, 선물시장에서의 이론과 제도, 기업 경영의 경제 분석 및 전략경제학, 금융과 관련된 회계학 등의 분야에서의 응용 능력을 배양한다.

금융자산 운용가, 리스크 매니저, 보험 계리사, 보험 관리자, 보험 대리인 및 중개인 보험 사무원, 보험 설계사, 부동산 중개인, 부동산 컨설턴트, 부동산 펀드 매니저, 선물 거래 중개인, 손해사정사, 신용 분석가, 외환 딜러, 재무 관리자, 증권 중개인, 증권 분석사, 투자 분석가(애널리스트) 등

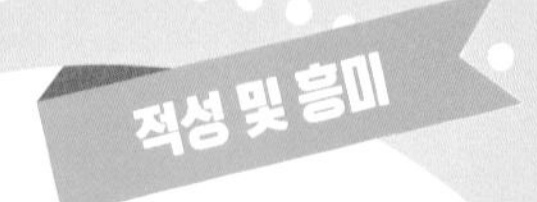

수학이 기본이 되는 학문이므로 수학에 흥미가 있어야 하고, 돈의 흐름을 읽어 내는 능력이 있어야 하므로 상황 판단력이 뛰어나야 한다. 수치에 밝아야 하고 계산 능력도 뛰어나야 하며, 꼼꼼한 성격을 가지고 있다면 학과 공부에 도움이 된다.

전문적인 용어가 많기 때문에 이를 모두 습득하려면 끈기 있는 학습 태도가 필요하고, 컴퓨터 시스템을 통한 회계 정보 처리가 일반화되어 있기 때문에 컴퓨터 활용 능력도 요구된다.

금융 · 회계학과, 금융보험부동산학과, 금융보험학과, 금융 · 국제학과, 금융자산관리학과, 금융정보공학과, 금융증권학과, 금융학과, 보험금융학과, 자산관리학과, 자산운용학과, 재무금융학과, 협동조합금융학과 등

중·고등학교
학교생활 포트폴리오

★동아리 활동★

경제 및 금융 관련 동아리에서 경제 관련 소논문을 작성한 경험이나 경제 관련 NIE(신문 활용) 활동 등이 도움이 된다.

★봉사 활동★

경로당, 보육원 등 사회 소외 계층이나 공공 기관, 지역 문화 센터의 시민 등을 대상으로 지속적으로 봉사 활동을 한다.

★독서 활동★

경제, 경영, 금융 관련 다양한 독서 활동 등을 통해 경제 및 금융 관련 지식을 쌓는다.

★교과 공부★

사회, 수학, 경제, 영어, 정보 교과 중심의 수업 활동을 통해 경제 및 금융 관련 분야의 기본 역량을 키울 수 있도록 한다.

★교외 활동★

경제신문사 주최 진로 체험 활동에 적극 참여하고, 경제 관련 NIE 관련 프로그램 참여 등을 권장한다.

※ 사회, 경제, 수학, 정보, 영어 교과 수상 실적이나 경제 관련 기관 주최 경시대회 참가 등도 도움이 된다.

자격 및 면허

국제무역사, 관세사, 손해사정인, 세무사, 회계사, 외환관리사, 외환전문역, 원산지관리사, 선물거래사, 사이버무역사, 무역영어검정시험, 전자상거래관리사, 금융자산관리사, 국제공인신용장전문가(CDCS), 국제공인무역전문가(CITF), 물류관리사, 유통관리사, 공인수입전문가 등

진출 분야

★기업체★

은행, 증권회사, 보험회사 등의 금융 분야 기업체, 종합 금융사, 카드 회사, 컨설팅 회사, 무역회사, 회계 법인, 노무 법인, 리서치 회사 등

★연구소★

경영/경제 관련 국가 · 민간 연구소, 사회 과학 관련 국가 · 민간 연구소

★정부 및 공공 기관★

중앙 정부 및 지방 자치 단체, 금융 · 무역 · 수출입 관련 공공 기관

INVESTIGATIVE · 탐구형 I

10 수의사

1. 수의사의 세계

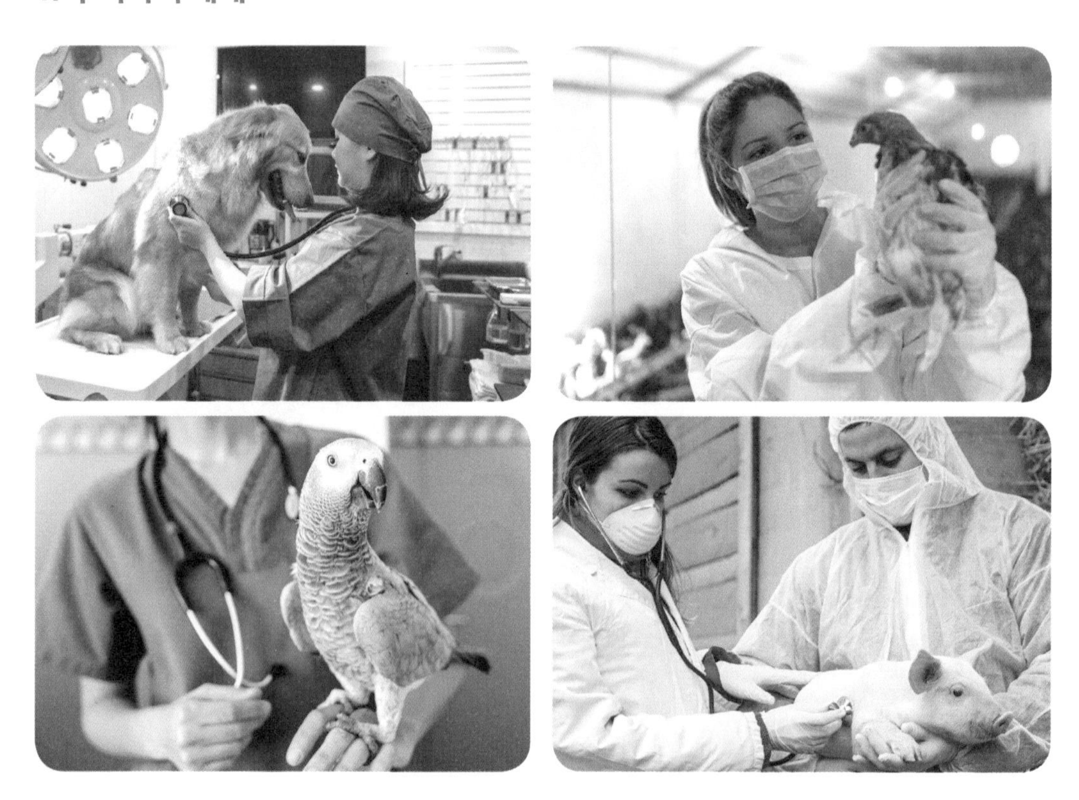

반려동물을 키우는 인구가 늘어나면서 관련 동물들의 먹거리나 물품, 미용, 카페 등의 관련 산업이 급속히 성장하고 있으며, TV 프로그램이나 동영상 등 동물 관련 콘텐츠도 인기를 얻고 있다. 이와 함께 동물이 병에 걸리거나 아플 때 치료해 주는 동물병원도 우리 주변에 많이 생기고 있다. 이처럼 아픈 동물을 치료하는 것과 관련된 학문이 바로 수의학이다.

수의학은 동물의 질병 진단과 치료 및 예방을 통해 인간과 동물의 삶의 질을 향상시키고, 가축과 같은 산업 동물의 건강을 감시 · 관리하며, 생명 과학 발전과 환경 보존에 기여하는 등 우리 사회의 다양한 분야의 발전에 꼭 필요한 학문이다. 최근에는 식품 위생과 안전, 생물학적 위험으로부터 보호 · 방어, 동물로부터 사람에게 감염되는 각종 감염병에 대한 방어, 생물 다양성의 보전 등 보다 다양한 분야에서 수의학적 지식과 기술을 필요로 하고 있다.

수의사라는 직업은 고대 메소포타미아 유적지에서도 흔적을 발견할 수 있고, 우리나라에서도 서기 595년 고구려의 혜자 스님이 불교를 전파하려고 일본에 갔다가 말을 치료하는 의술을 가르쳤다는 기록이 남아 있는 것으로 보아 오랜 역사를 가지고 있다고 할 수 있다.

수의사는 보통 임상 수의사와 비임상 수의사로 구분한다. 임상 수의사는 동물을 직접 치료하는 수의사이고, 비임상 수의사는 위생 관리 · 방역 · 검역 · 연구 활동 등을 하는 수의사를 가리킨다.

임상: 환자를 진료하거나 의학을 연구하기 위하여 병상에 임하는 일

수의사라고 하면 보통 우리 주변에 있는 동물병원의 수의사만 떠올리는 경우가 많은데, 실제로는 비임상 수의사의 비율도 매우 높다.

2. 수의사가 하는 일

수의사는 일상생활에서 흔히 볼 수 있는 고양이나 개 등의 반려동물부터 소나 양 등의 가축, 각종 야생 동물, 실험동물, 어류 · 조류 · 파충류에 이르기까지 모든 동물을 대상으로 질병을 찾아내고, 치료하는 업무를 주로 한다.

수의사

동물의 질병 치료 방법을 개발하고, 가축을 더 좋은 품종으로 개량하거나 우수한 품종을 더 많이 증가시키기 위한 방법도 연구한다.

생명 공학 분야의 다양한 연구 활동의 수행 및 실험동물 관리, 야생 동물이나 희귀 동물 보호 등의 일을 한다.

동물원의 동물과 수족관의 수생동물 등 각종 동물의 영양 상태를 관리하고 이들의 번식 및 사육, 질병 관리와 관련한 일을 한다.

외국에 수출하는 우리나라 축산물과 외국에서 수입되는 축산물들의 안전성을 위한 검역 업무를 통해 구제역이나 조류 인플루엔자와 같은 가축 전염병의 국내 유입을 막는 일을 한다.

각종 동물 질병에 대한 역학 조사를 하고, 축산농가의 위생을 관리하여 질병을 예방한다.

3. 수의사에게 필요한 능력

평소 반려동물이나 야생 동물 등에 관심과 애정이 많고, 동물들과 지내는 것에 흥미가 있다면 수의사라는 직업에 관심을 가져볼 만하다.

수의사는 세심한 관찰력이 필요하며, 위급한 상황이 발생했을 때 침착하고 차분하게 문제를 해결할 수 있는 문제 해결 능력이 중요하다. 또한 자기 통제 능력, 꼼꼼한 성격, 모든 일에 침착하게 대처할 수 있는 능력, 인내심과 끈기, 원활한 대인 관계 능력도 요구된다. 어린 강아지나 새처럼 체구가 작은 동물을 치료하거나 수술할 때는 아주 사소한 실수에도 동물이 다칠 수 있으므로 섬세한 손재주도 필요하다.

수의사라는 직업에 관심이 많다면 동물병원이나 유기견 보호소 등에서 진로 체험의 기회를 자주 갖는 것을 추천하고, 동물과 관련한 다양한 독서 활동 등을 통해 갖추어야 할 소양을 키우도록 노력해야 한다. 또한 생물이나 화학 등 자연 과학 분야에 재능이 있으면 도움이 되므로 과학(특히 생물) 교과와 수학 공부에 집중하고, 대부분의 수의학 서적이 영문으로 되어 있으므로 영어를 공부해 두면 도움이 된다.

4. 수의사와 관련된 학과 및 자격증

- **관련 학과**: 동물자원학과, 특수동물학과, 생물학과, 수의학과 등
- **관련 자격**: 수의사

말·특수동물학과에 대해 알아볼까?

말 · 특수동물학과는 말과 특수동물의 번식, 질병, 영양, 습성 등에 대한 이론과 실습뿐 아니라, 관련 산업에 대해 배우는 학과이다. 말 · 특수동물학과에서는 말과 반려동물, 특수동물, 야생 동물 및 실험동물에 관한 전문가를 양성한다.

말 산업은 신성장 동력 산업으로 주목받고 있으며, 최근에는 고슴도치 · 햄스터 · 페릿 · 새 · 뱀 · 이구아나 · 거북이 등과 같은 다양한 특수동물에 관심을 두는 사람들이 많아지면서 특수동물은 축산 농가의 고소득을 올릴 수 있는 등 새로운 동물 자원으로 평가받고 있다.

그것이 알고 싶다 수의과대학 졸업 후 가장 많이 진출하는 분야는 어디일까?

우리나라 수의과대학 학생들이 졸업 후 희망하는 진출 분야는 어디일까? 전국수의학도협의회에서 전국 수의대생 2,327명을 상대로 조사한 결과 '반려동물 임상' 분야가 제일 높았고 '대학 · 연구기관', '산업동물 임상' 등이 그 뒤를 이었다. 다음은 현직 수의사들의 직업 분포를 비교한 자료이다.

〈자료 참고〉 http://www.dailyvet.co.kr/news/practice/60300

졸업 후 희망하는 진출 분야 Best 6

- 응답자: 전국 수의대생 2,327명
- 자료: 전국수의학도협의회

반려동물 임상
47.2%
41.1%

- 희망자 응답 비율(%)
- 수의사 직업 분포(%)

분야	희망자 응답 비율(%)	수의사 직업 분포(%)
반려동물 임상	47.2%	41.1%
대학 · 연구기관	12.2%	5.6%
산업동물 임상	9.5%	10.7%
공무원	8.9%	17.7%
해외 진출(외국 수의사)	6.5%	?%
민간 기업	4.6%	8.8%

- 수의사 직업 분포: 대한수의사회 (2014.6 기준, 미신고자 · 공중방역수의사 · 비근로자 · 재외거주 제외)

5. 수의사의 직업 전망

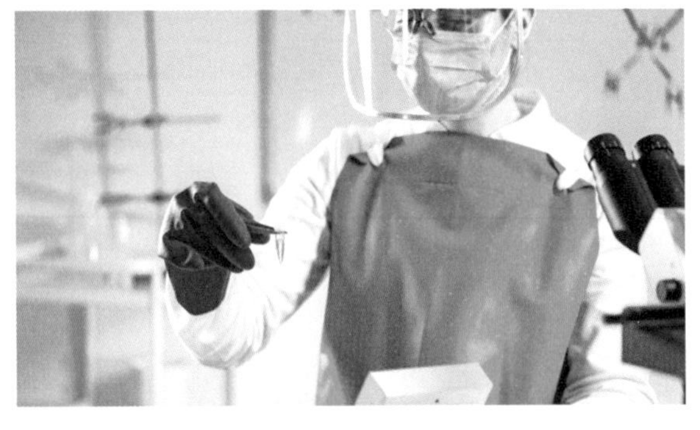

자신은 가난하게 지내더라도 반려동물에게는 비용을 아끼지 않는 사람들

최근 펫푸어(pet poor)라는 말까지 등장할 정도로 반려동물을 정성스레 키우는 인구가 늘고 있으며, 이에 따라 수의사에 대한 수요도 점점 증가하고 있다. 특히 고슴도치, 햄스터, 파충류 등의 이색동물을 키우는 사람도 점점 많아져 특수동물 수의사 분야도 전망이 밝은 편이다. 이외에 수의직 공무원이나 학계로 진출하는 수의사도 증가하고 있다.

또한 국가 간 자유무역협정 체결로 인해 해외로부터 조류 인플루엔자 · 광우병 · 구제역과 같은 전염병의 유입 가능성이 더욱 커졌는데 이들의 예방, 장기 이식 복제 동물 생산, 줄기세포를 이용한 난치병 치료 연구와 신약 개발 등 다양한 분야에서도 수의학이 핵심적인 역할을 담당하고 있으므로 수의사의 전망은 더욱 밝다고 할 수 있다.

수의사와 관련된 직업으로는 수의직 공무원, 가축 연구원, 검역원, 동물 사육사, 공항 검역관, 수의 장교 등이 있다.

수의 장교

수의 장교는 군대에서 운용되는 가축인 군용견과 군마의 진료를 담당하고 군대에 납품되는 유제품이나 축산물의 위생 상태를 검사하고 점검한다. 수의 장교가 되려면 수의사 면허를 취득한 후 수의 장교 모집 기간에 지원해 건강검진(신체검사)과 체력검사에 합격해야 하며, 매년 30~35명을 선발한다. 교육 후 중위로 임관하며 36개월 동안 근무한다. 수의 장교는 사단 수의반과 식품 검사대, 군견 훈련소 등에 배치된다. 사단 수의반은 식품 위생 검사, 수질 검사, 전염병 방역, 부대 위생 점검 등 공중보건 관리 업무를 수행하고, 식품 검사대는 사단의 자체적인 검사보다 더 정밀한 성분 분석, 잔류농약 검사 등을 수행한다.

수의사

수의사가 되려면 수의과대학에 진학해야 한다. 수의과대학은 예과 2년, 본과 4년으로 이루어져 있다. 수의과대학을 졸업한 후 수의사 국가시험에 합격하면 수의사 면허증이 나온다. 면허가 있으면 동물병원을 개원할 수 있고, 이밖에 축산물 유통업체나 육가공업체, 사료업체, 유제품 가공업체, 동물 약품업체 등으로도 진출할 수 있다. 또 농림수산검역본부, 축산기술연구원 등 유전 및 생명 관련 연구기관으로 진출할 수도 있다. 또는 수의과대학을 졸업한 후 공무원으로 들어가 검역이나 공중보건 업무를 하거나 학교나 연구소에서 바이러스 · 미생물 관련 연구를 하는 이들도 많고, 군의관처럼 수의 장교로 군에서 근무하기도 한다.

현재 우리나라에는 건국대, 서울대, 충남대, 충북대, 강원대, 경상대, 경북대, 전남대, 전북대, 제주대의 총 10개 대학에 수의학과가 개설되어 있다. 특히 10개 학교 중 건국대, 서울대, 제주대는 국가고시를 치르지 않고 수의사 자격 면허를 취득할 수 있는 대학이다.

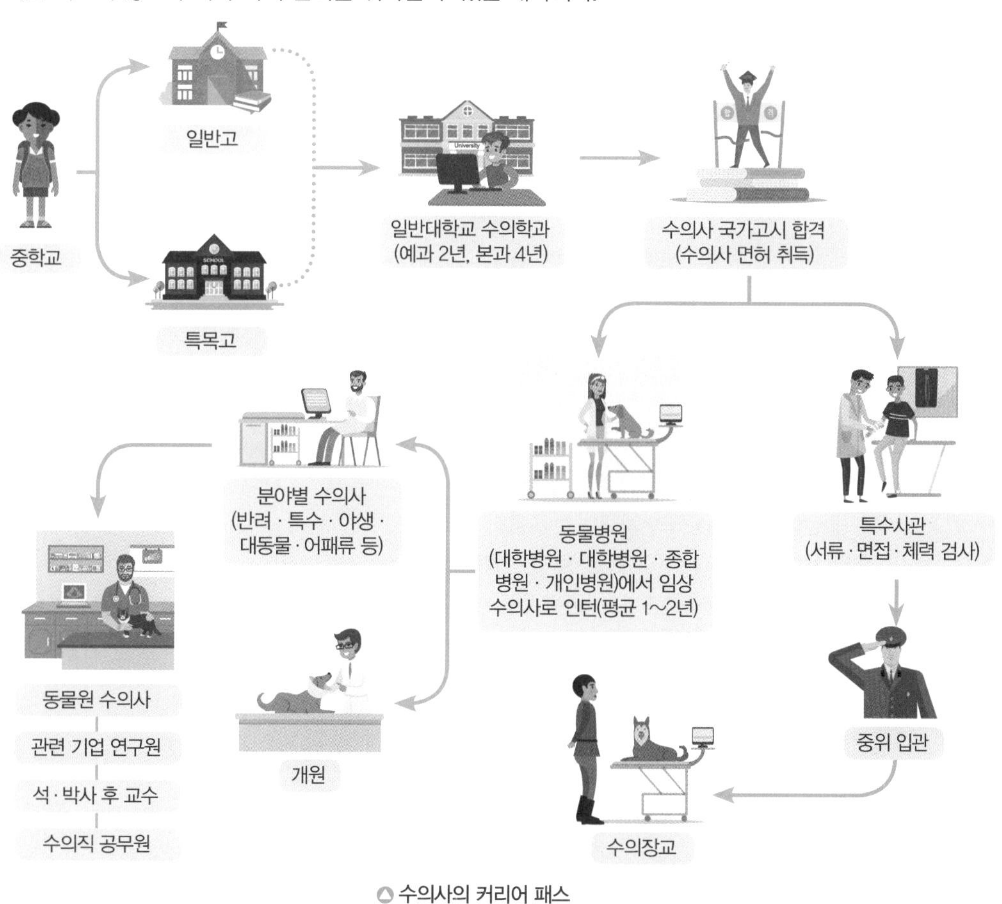

△ 수의사의 커리어 패스

수의학과

수의학 분야의 전문가 및 의 · 약학, 공중보건 분야, 기초 학문 연구 분야에 종사할 수 있는 우수한 전문가를 양성하여, 동물의 건강 증진뿐 아니라 가축의 생산성 향상을 향상시키고, 질병을 치료하고 예방한다.
이를 통해 공중보건학적으로 국가와 인류 사회의 삶의 질 향상에 기여함을 교육 목표로 하는 학과이다.

수의직 공무원, 가축 연구원, 검역원, 동물 사육사, 수의 연구원, 공항 검역관, 농림 어업 관련 시험원, 생명 과학 시험원, 자연 계열 교수, 축산 및 수의학 연구원, 수의 장교 등

반려동물이나 야생 동물 등 동물에 관심이 있고, 동물들과 지내는 것에 흥미가 있어야 한다. 위급 상황이 발생했을 때 침착하고 차분하게 문제를 해결할 수 있는 문제 해결 능력과 자기 통제 능력이 요구된다.
꼼꼼한 성격과 함께 모든 일에 침착하게 대처할 수 있는 능력, 인내심, 끈기, 정교한 손재주가 필요하다.

수의예과 등

자격 및 면허

수의사,
축산기사 등

진출 분야

★기업체★
의약품 생산업체, 의료 및 제약업체,
동물 병원, 동물 사료 및 영양업체

★연구소★
수의학 및 축산학 관련 국가 연구소, 기업체 동물
의약품 연구소, 동물 생명 공학 연구소

★정부 및 공공 기관★
정부의 농축산 관련 부서, 수의 및 농축산
관련 공공 기관의 공무원

중·고등학교
학교생활 포트폴리오

★동아리 활동★

다양한 동물 관련 체험 활동이나 동아리 활동 등을 통해 수의학 분야의 기초 소양을 키운다.

★봉사 활동★

동물원이나 유기견 보호소 등 동물 관련 기관에서 주관하는 봉사 활동에 지속적으로 참여한다.

★독서 활동★

동물, 생물, 생명 관련 독서 활동 등을 통해 자연 계열의 기초 지식 및 동물에 대한 지식을 쌓는다.

★교과 공부★

생물, 화학, 수학, 영어 교과 수업 활동에서 자연 현상에 대한 기본 역량이 발휘될 수 있도록 적극적으로 수업에 참여한다.

★교외 활동★

유기견 보호소 등 동물 관련 기관의 진로 체험 활동에 적극 참여하고, 동물원 탐방 등의 체험 활동을 권장한다.

※ 생물, 화학, 수학, 영어 교과 수상 실적이나 과학 분야의 기타 수상 실적이 도움이 된다.

11 에너지 공학 기술자

1. 에너지 공학 기술자의 세계

과학 기술과 정보 통신 기술의 발달로 우리의 삶은 매우 편리하게 바뀌고 있으나, 이에 비례하여 에너지 사용량도 빠르게 증가하고 있다. 에너지원으로 주로 사용되는 석탄, 석유, 천연가스 등의 화석 연료는 매장량이 한정되어 에너지 자원의 고갈과 이에 따른 에너지 부족 문제가 심각하게 대두되고 있다. 뿐만 아니라 화석 연료의 사용은 다양한 환경오염과 지구온난화를 초래하여 지구 환경이 위협받는 등의 문제로 전 세계적으로 친환경 에너지에 대한 관심이 높아지고 있는 추세다.

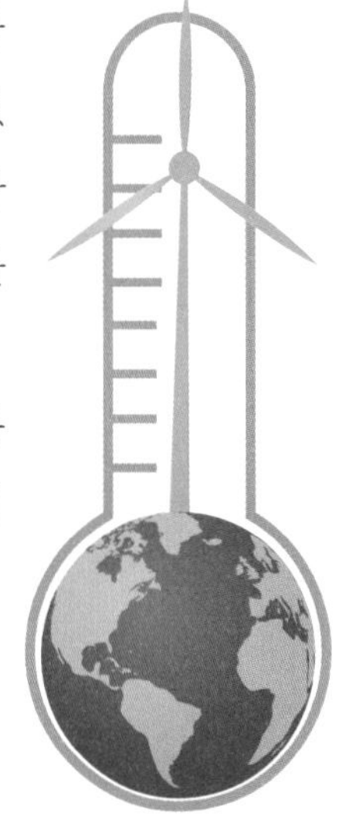

에너지 관련 문제가 사회적으로 관심을 받게 되면서 에너지 공학 기술자의 역할이 중요해지고 있다. 에너지 공학 기술자는 에너지 부족 문제를 어떻게 해결할 수 있을지, 친환경적이고 재활용이 가능한 에너지는 어떻게 만들어 낼 수 있는지, 지구온난화를 줄이기 위해서는 어떤 에너지원을 만들어 내야 하는지에 대해 연구 활동을 수행하는 직업이다.

2. 에너지 공학 기술자가 하는 일

에너지 공학 기술자는 에너지를 다루는 모든 분야와 관련이 있다. 에너지의 종류에 따라 태양광, 풍력, 바이오 에너지 등 신재생 에너지 공학 기술자와 원자력 및 핵융합 등의 에너지 공학 기술자로 분류하며 구체적으로 하는 일은 다음과 같다.

태양광 발전 연구 및 개발자는 태양광으로부터 전기 에너지를 만들어 내는 방법을 연구하고 개발한다. 태양열을 효과적으로 집열하고 에너지 효율을 높이기 위해서 태양열 집열기, 열 저장 장치, 발전 장치에 대한 실험 및 연구·개발을 한다.

풍력 발전 연구 및 개발자는 바람의 에너지를 이용해서 전력으로 변환하는 데 필요한 발전기 및 모터에 대해 연구한다.

바이오 에너지 연구 및 개발자는 바이오매스(에너지원으로 활용하기 위해 사용되는 식물이나 동물 같은 생물체)나 유기성 폐기물을 에너지화하는 방법을 연구한다.

연료 전지 연구 및 개발자는 연료의 화학 에너지를 전기 화학 반응을 통해 전기 에너지로 직접 변환시키는 장치를 연구·개발한다.

원자력 공학 기술자는 원자력 발전소의 안전한 운영과 관리를 위해 원자로 등 원전 시스템과 관련하여 연구·개발한다.

핵융합로 연구 및 개발자는 핵융합로(제어된 핵융합 반응을 일으켜 거기에서 얻어지는 에너지를 발전 등에 이용하기 위한 시스템)의 구조, 재료, 운영 방법 등을 연구·개발한다.

에너지 공학 기술자는 연구나 개발이 주 업무이므로 거의 연구실 등 실내에서 근무하며, 연구를 위해 장비를 활용하는 경우도 많다. 현장을 직접 방문해야 할 때도 있는데, 이때는 안전사고를 대비해서 각종 보호 장비를 착용하고 근무한다.

3. 에너지 공학 기술자에게 필요한 능력

에너지 공학 기술자는 새로운 분야에 대한 호기심과 도전적인 자세를 갖추고 지속적인 연구 개발을 추진해 나가는 태도가 요구된다. 분석적인 사고 능력이 필요하고, 많은 실험 · 연구를 통해 새로운 에너지원을 개발해야 하므로 창의적인 아이디어를 만들어 낼 수 있는 능력을 가진 사람에게 적합하다.

새로운 에너지 자원을 개발하려면 오랜 시간 연구와 실험 과정을 거쳐야 하므로 인내와 끈기가 필요하다. 또한 여러 사람과의 협업 작업을 통해 연구를 수행하는 경우가 많으므로 원만한 대인관계도 요구된다. 데이터 분석을 위한 논리적인 사고 능력과 공정하게 연구를 수행하는 공정성 및 책임감도 갖추어야 한다.

4. 에너지 공학 기술자와 관련된 학과 및 자격증

- **관련 학과**: 에너지공학과, 원자력공학과, 에너지환경공학과, 친환경에너지학과, 에너지 IT학과, 신재생에너지학과, 지구시스템공학과, 에너지자원공학과, 에너지 기계공학과, 환경에너지공학과, 자원학과, 전기공학과, 재료공학과, 신소재공학과 등
- **관련 자격**: 에너지관리기사, 원자력발전기술사, 방사선관리기술사, 원자력기사, 에너지 관리산업기사, 에너지관리기능사, 신재생에너지발전설비기능사, 신재생에너지발전설비 기사, 신재생에너지발전설비산업기사, 해양자원개발기사, 자원관리기술사, 시추기능사, 원자력기사, 원자력발전기술사 등

5. 에너지 공학 기술자의 직업 전망

전 세계적으로 지구온난화와 에너지 자원의 고갈이 심각한 문제로 떠오르면서 에너지 분야에 대한 관심이 증대하고 있다. 석유 및 석탄 등 화석 에너지의 공급을 낮추고 신재생 에너지의 공급을 확대하는 쪽으로 정책의 방향이 바뀌면서 신재생 관련 분야의 연구와 개발이 활발히 이루어지고 있다.

따라서 향후 에너지 공학 기술자의 고용은 다소 증가할 전망이다. 특히 각종 지구 환경 문제를 조사, 관리, 복원하는 분야에서 에너지 공학 기술자의 수요가 증가할 것으로 기대된다. 신재생 에너지의 개발과 보급, 에너지 효율을 높이기 위한 방안 검색, 온실가스 배출 및 저감 대책 수립, 탄소배출권 거래 등과 관련한 분야의 새로운 일자리가 많이 생겨나고 인력 수요도 늘어날 것으로 전망된다.

탄소배출권: 지구온난화의 주범인 이산화탄소, 아산화질소 등의 6대 온실가스를 일정 기간 배출할 수 있는 권리

에너지 공학 기술자와 관련 있는 직업

에너지 공학 기술자와 관련된 직업으로는 에너지 하베스팅 전문가, 에너지 공학 연구원, 온실가스 인증 심사원, 친환경 건축 컨설턴트, 지열 시스템 연구원, 환경 공학 기술자, 에너지 진단사, 에너지 공정 연구원, 해양 바이오 에너지 연구원, 수소 에너지 연구원 등이 있다.

에너지 하베스팅 전문가

에너지 하베스팅(energy harvesting)이란 일상생활에서 버려지는 에너지를 전기로 바꾸어 재활용할 수 있게 하는 기술을 말한다. 에너지 하베스팅은 지구 온난화와 환경 문제를 해결하는 데 도움을 주고, 에너지 생산 비용과 사용 요금을 낮출 수 있게 해주는 기술이다.

에너지 하베스팅과 관련되어 소재나 소자, 시스템 등을 개발하는 사람을 에너지 하베스팅 전문가라고 한다. 이들은 에너지 하베스팅에 필요한 각종 기술을 개발하고 효율성을 분석하며, 고효율 에너지를 얻기 위한 하베스팅 회로를 설계하고 이를 운용할 수 있는 시스템을 만드는 일을 한다.

온실가스 인증 심사원

온실가스 인증 심사원은 기업체에서 등록한 온실가스 저감 사업의 사전 타당성을 검토하고 사후 저감 실적을 검사하여 온실가스 감축 실적을 검증한다. 또는 국가에서 추진 중인 온실가스 배출 감축 사업 등록이 타당한지 검증하는데, 기업이나 국가에서 실제로 배출량을 줄이기 위한 통계 수치를 인증한다.

온실가스 인증 심사원으로 활동하기 위해서 반드시 이수해야 하는 전공은 없지만, 에너지 및 산업 공정에서 배출되는 온실가스 등에 대한 지식이 요구되므로 이공계열(화공, 전기, 환경, 에너지 등)이 적합하다. 수학 · 역학 등의 자연 과학 교과목뿐만 아니라 사회 과학 등 다양한 학문 영역에 관심이 있고, 생산 활동과 관련한 각종 시스템의 문제점을 진단하고 개선하려면 문제 해결 능력, 논리적 사고력, 독창성이 필요하다. 또한 각종 관련 보고서나 문서가 영어로 되어 있는 경우가 많아 수준 높은 영어 실력이 요구된다.

온실가스 인증 심사원은 최근에 생긴 새로운 직종인 만큼 향후에 유망할 것으로 판단되나, 당분간은 수요가 크지 않을 전망이다. 그러나 탄소배출권 거래가 활성화되면 장기적으로는 일자리가 대폭 늘어날 것으로 전망된다.

에너지 공학 기술자

에너지 공학 기술자가 되려면 대학에서 에너지 공학과, 에너지IT학과, 신재생에너지학과, 에너지자원공학과, 지구시스템공학과 등 에너지 관련 전공을 해야 한다. 취업 시 에너지 관련 자격증을 소지하면 유리하지만, 반드시 필요한 것은 아니다.

에너지 공학 기술자는 정부 출연 연구기관, 대학 부속 연구소, 엔지니어링 회사 및 컨설팅 회사, 산업체, 민간 기업 연구소 등에 채용되어 일하는데, 보통 공개 채용으로 입사하거나 경력자는 수시로 모집한다.

에너지 관련 분야에서 연구직으로 근무하려면 보통 석사 이상의 학위 취득이 요구되며, 관련 분야의 연구 경력자가 취업에 유리하다.

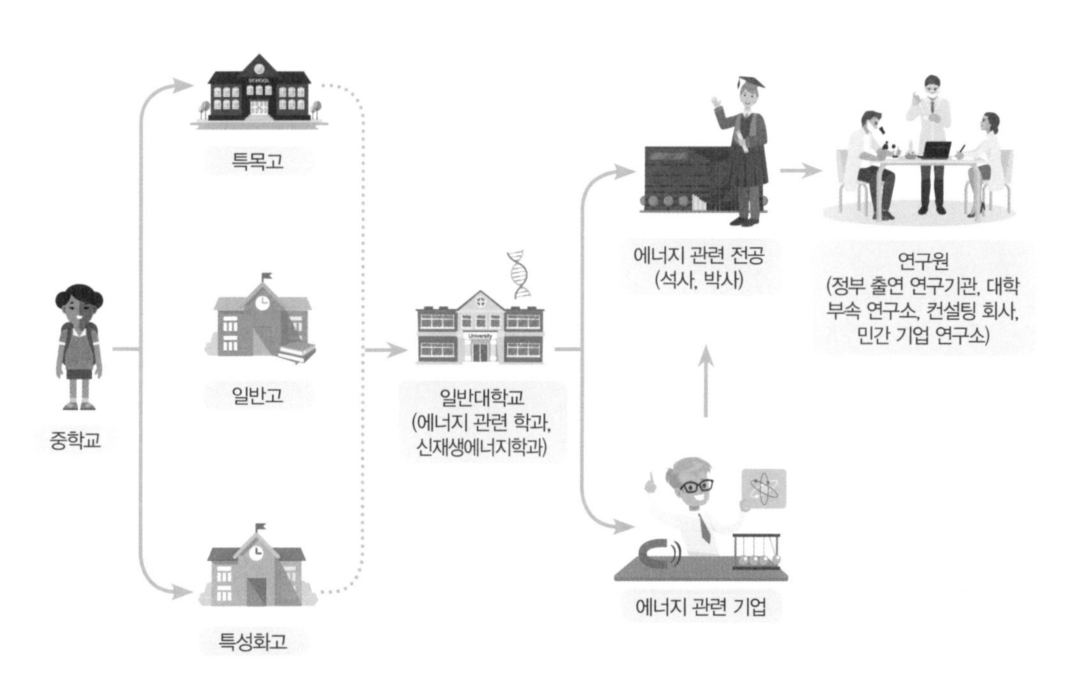

△ 에너지 공학 기술자의 커리어 패스

에너지공학과

물리, 화학, 재료 및 화학 공학에 기반을 두고 첨단 나노 및 환경 기술을 통해 신에너지 생산, 저장 및 활용 시스템에 학문적으로 접목할 수 있는 이론과 공정 기술에 대해 배우는 학과이다. 원자력 · 화력 등 각종 에너지 자원의 생산과 이용을 연구하며, 에너지 관련 문제를 해결하고, 에너지 공학 발전에 이바지할 전문 기술 인력을 양성한다.

에너지 공학 기술자, 안전 관리 기술자, 원자력 기계 공학 기술자, 발전 설비 설계 기술자, 공학 계열 교수, 변리사, 비파괴 검사원, 산업 안전원, 에너지 시험원, 에너지 진단 전문가, 원자력 공학 기술자, 위험 관리원, 전기 안전 기술자, 폐기물 처리 기술자, 탄소배출권 거래 중개인 등

에너지 공학을 공부하기 위해서는 화학, 물리, 수학 등 기초 과학에 대한 관심을 바탕으로 기초 지식을 갖추는 것이 중요하다. 정밀함이 필요한 실험과 실습이 많으므로 꼼꼼하고 차분한 성격이 요구된다. 새로운 것을 발견하고 응용하는 것을 좋아하며, 어떤 일을 할 때 빈틈 없이 마무리하는 성격이 유리하다. 또한 실험이 많은 분야이므로 침착하고 집중력이 높은 학생에게 적합하다.

원자핵공학과, 에너지환경시스템공학과, 신재생에너지공학과, 에너지자원공학과, 원자력공학과, 수소에너지공학과, 환경에너지학과, 친환경에너지학과, 에너지IT학과, 지구시스템공학과, 에너지기계공학과 등

중·고등학교
학교생활 포트폴리오

★동아리 활동★

이공계 관련 동아리에서 다양한 체험 활동 등을 통해 기초 소양을 키운다.

★봉사 활동★

친환경 및 신재생 관련 기관에서 주관하는 봉사 활동에 꾸준히 참여한다.

★독서 활동★

물리, 수학, 공학 등 이공계 분야와 환경 및 신재생 에너지 분야의 광범위한 독서 활동을 통해 자연 계열 기초 지식을 쌓는다.

★교과 공부★

화학, 물리, 수학, 기술 · 가정 교과 수업 활동에서 자연 현상에 대한 기본 역량과 환경 및 에너지 관련 분야의 역량이 발휘될 수 있도록 적극적으로 수업에 참여한다.

★교외 활동★

신재생에너지센터, 원자력 발전소 및 환경 관련 기관에서 주관하는 진로 체험 활동에 적극 참여한다.

※ 화학, 물리, 수학, 기술 · 가정 교과 수상 실적이나 수학이나 과학 분야의 수상 실적이 도움이 된다.

원자로조종사면허,
방사성동위원소취급자일반면허,
핵연료물질취급면허, 원자력기사,
방사선비파괴검사기사, 방사선비파괴검사기사,
신재생에너지발전설비기사, 에너지관리기사,
원자력기사, 원자력발전기술사 등

★기업체★
에너지 산업 관련 회사, 신재생 에너지 관련 회사 등

★정부 및 공공 기관★
한국원자력안전기술원, 한국에너지기술연구원,
한국가스공사, 한국전력공사,
한국수력원자력, 한전원자력연료 등

INVESTIGATIVE • 탐구형 I

12 응용 소프트웨어 개발자

1. 응용 소프트웨어 개발자의 세계

우리의 일상생활에서 컴퓨터와 모바일 기기는 빠질 수 없는 필수품이 되었다. 우리는 이들을 통해 워드프로세서, 스프레드시트, 포토샵 등을 가지고 문서 작성, 통계, 그래픽 작업 등을 하기도 하며 웹 브라우저를 통해 웹 서핑을 즐기기도 한다. 이처럼 컴퓨터나 모바일 기기를 이용해서 다양한 작업을 하는 데 사용되는 소프트웨어들을 모두 응용 소프트웨어라고 한다. 응용 소프트웨어가 전혀 설치되어 있지 않은 컴퓨터나 모바일 기기는 아무런 활용도 할 수 없는, 그저 기계에 불과한 상태라고 할 수 있다.

윈도 운영 체제 프로그램이 개발 · 보급되기 이전에는 검은 바탕의 컴퓨터 화면에 일일이 복잡한 명령어를 입력해야만 컴퓨터를 작동시킬 수 있어서 전문가가 아니고서는 컴퓨터 사용이 어려웠다. 그러나 응용 소프트웨어가 개발되면서 컴퓨터를 잘 모르는 초보자들도 원하는 작업을 손쉽게 할 수 있게 되었다. 최근에는 모바일 기기가 대중화되면서 스마트폰을 비롯한 다양한 모바일 기기에서 작동하는 모바일 응용 소프트웨어들도 많이 개발되어 활용되고 있다.

응용 소프트웨어 개발자는 이처럼 컴퓨터나 모바일 기기의 활용을 도와주는 다양한 응용 소프트웨어를 개발하고 설계하는 사람을 말한다. 응용 소프트웨어를 개발한다는 것은 새로운 프로그램을 만들어내는 것을 의미하므로, 응용 소프트웨어 개발자는 곧 프로그래머를 의미한다.

2. 응용 소프트웨어 개발자가 하는 일

응용 소프트웨어 개발자는 학교, 가정, 회사 등에서 컴퓨터 및 모바일 기기를 통해 빠르고 효율적으로 일을 처리하기 위해 필요한 응용 소프트웨어를 개발하는 사람이다. 응용 소프트웨어 개발자는 기기가 인식할 수 있는 언어를 사용하여 소프트웨어를 설계하고 개발한다.

사용 목적에 맞는 응용 소프트웨어를 개발하기 위해 현재 사용 중인 응용 소프트웨어에 대한 시장 조사, 소프트웨어의 용도 파악, 사용자의 의견 조사 등을 진행한다.

소프트웨어를 개발 · 완성하기 위한 전체적인 개발 계획과 자원 조달 계획을 수립한다.

C, C++, 자바(JAVA), 비주얼 스튜디오(visual studio), 델파이(delphi), 파워빌더(power builder) 등을 사용하여 개발 언어로 바꾸는 코딩 작업을 거쳐 베타 버전을 만든다.

소프트웨어가 정상적인 동작과 기능을 하는지 테스트하고, 오류가 발견되면 수정 · 보완 작업을 거쳐 정식으로 제품을 출시한다.

소프트웨어 사용자의 의견을 수집하여 다음 소프트웨어 개발에 반영한다.

응용 소프트웨어 개발자는 소프트웨어 개발을 하는 기업에 근무하거나 프리랜서로 일하면서 개발 요청이 들어오면 개발 일정에 맞게 프로그램 개발 업무를 수행한다. 업무 특성상 정해진 기간 안에 오류가 없는 소프트웨어를 개발해야 하므로 정신적 · 육체적인 스트레스가 따르는 편이다.

3. 응용 소프트웨어 개발자에게 필요한 능력

응용 소프트웨어 개발자는 소프트웨어 개발에 필요한 새로운 지식과 기술을 습득해야 하므로 자기 계발을 위한 적극적인 자세와 더불어 분석적 사고, 책임감과 진취성이 필요하다. 소프트웨어 개발을 위한 컴퓨터와 전자공학 · 컴퓨터 하드웨어 · 반도체 등 전자 분야에 대한 지식이 필요하고, 소프트웨어 개발 과정에서 발생하는 문제들을 점검하고 해결하는 과정에서 꼼꼼함이 요구된다.

사람들이 컴퓨터나 모바일 기기를 더욱 편리하게 사용할 수 있도록 끊임없이 연구하고 새로운 소프트웨어를 개발해야 하므로 창의력도 매우 중요하다. 또한, 소프트웨어 개발 과정은 혼자 일하는 것보다는 여러 사람과 협력하는 경우가 많아 원활한 의사소통 능력도 중요하다.

4. 응용 소프트웨어 개발자와 관련된 학과 및 자격증

- **관련 학과**: 수학과, 응용소프트웨어공학과, 전자공학과, 정보 · 통신공학과, 컴퓨터공학과, 통계학과, 소프트웨어공학과, 소프트웨어개발과, 전산과 등
- **관련 자격**
  - 국내 자격: 전자계산조직응용기사, 전자계산조직응용기술사, 정보처리기능사, 정보처리산업기사, 정보처리기사, 컴퓨터시스템응용기술자 등
  - 국제 자격: MCSD, MCSE, SCJP, MCSE(마이크로소프트사), SCJP(썬마이크로시스템즈사), OCP(오라클사) 등

임베디드 소프트웨어란 무엇일까?

임베디드 소프트웨어란 PC 이외 전자 기기의 임베디드 시스템에 내장(embedded)되어 제품에 요구되는 특정한 기능을 구현할 수 있도록 하는 소프트웨어로, 다음과 같은 특징이 있다.

- PC용 소프트웨어와는 달리 실시간성, 고신뢰성, 저전력을 요구하는 산업 및 군사용 제어 기기, 자동 센서 장비 등에 탑재되는 핵심 소프트웨어
- 미리 정의된 목적을 위해 물리적 입력 및 그 가공된 데이터를 이용하여 적절한 반응을 제공하기 위해 설계된 소프트웨어
- 임베디드 소프트웨어의 물리적 특성 때문에 임베디드 소프트웨어는 어플리케이션 도메인의 전문가가 개발하는 경우가 많으며 현재도 그러한 추세가 유지되는 경향
- 제한된 자원을 효율적으로 활용하여 그 목적을 경제적으로 달성해야 하는 소프트웨어이기 때문에 설계 단계부터 그 목적을 달성하기 위한 방법을 고려해야 함

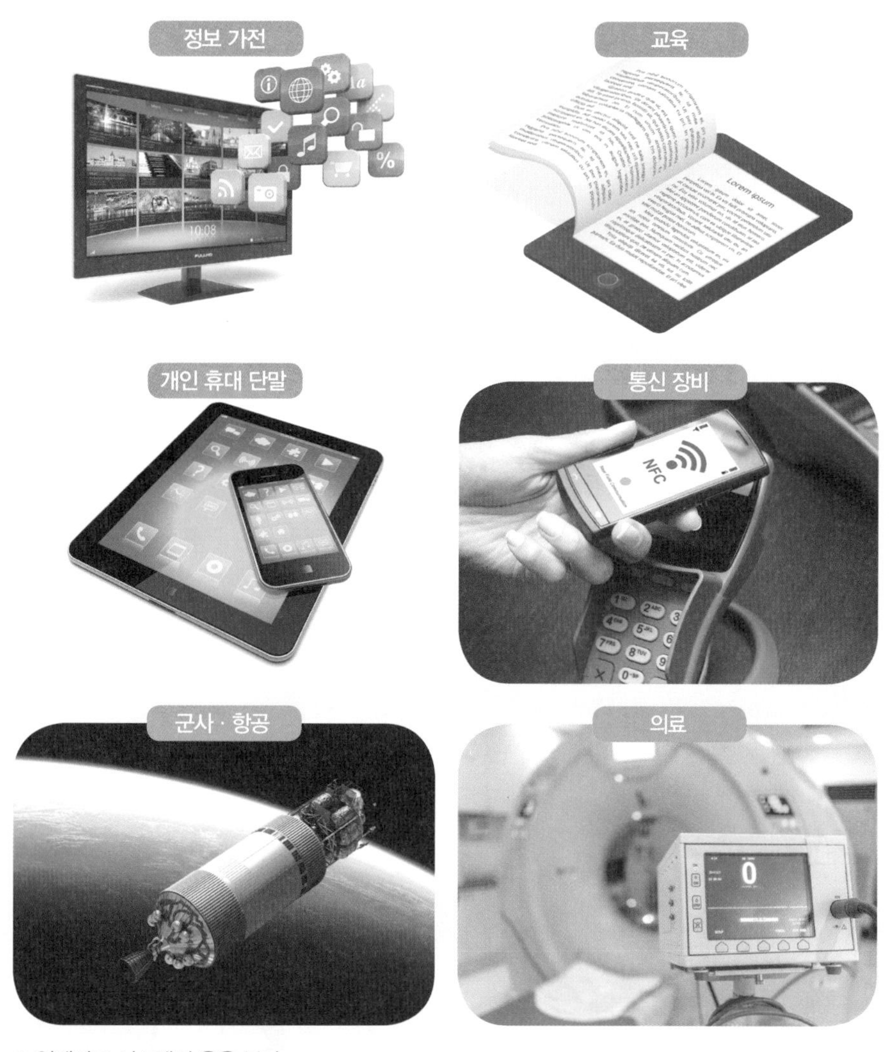

△ 임베디드 시스템의 응용 분야

5. 응용 소프트웨어 개발자의 직업 전망

국내 소프트웨어 산업은 지속적인 성장세를 보이고 있다. 모바일 환경, 클라우드 서비스, 소셜네트워킹, 빅데이터 분석 기술을 토대로 한 IT 산업 환경 속에서 소프트웨어 시장의 성장 속도는 빨라지고 있으며, 그에 따라 응용 소프트웨어 개발자의 진출 범위도 넓어지고 있다.

최근 빅데이터, 온라인 광고, M2M(machine to machine), NFC(near field communication), 소셜커머스, 디지털 콘텐츠 제작 · 유통 등 새로운 IT 서비스 활용 분야가 활성화되는 것도 응용 소프트웨어 개발자의 직업적 성장을 밝게 해 주는 요인이 되고 있다. 또한 스마트폰의 대중화로 이동 중에 업무를 보는 모바일 오피스, 휴대폰으로 콘텐츠를 실시간으로 주고받는 소셜네트워킹(SNS) 등이 일상화되는 등 모바일 분야를 중심으로 응용 소프트웨어 개발자의 인력 채용이 더욱 증가할 것이다.

M2M: 사물과 사물 간에 정보 교환 및 처리가 가능한 기술

NFC: 약 10㎝ 이내의 거리에서 무선 데이터를 주고받는 근거리 무선통신 기술

응용 소프트웨어 개발자와 관련 있는 직업

응용 소프트웨어 개발자와 관련된 직업으로는 컴퓨터 시스템 설계 분석가, 시스템 소프트웨어 개발자, 컴퓨터 프로그래머, 게임 프로그래머, 모바일 콘텐츠 개발자, 컴퓨터 시스템 감리 전문가 등이 있다.

○ 시스템 소프트웨어 개발자

시스템 소프트웨어 개발자는 컴퓨터를 작동시키고 컴퓨터의 활동을 조정 · 통제 · 관리하는 운영 체제 소프트웨어를 연구, 개발, 설계하는 일을 담당한다. 개발된 시스템 소프트웨어를 컴퓨터에 설치, 시험 운영하여 시스템 소프트웨어의 기능과 성능을 평가하고 분석한다. 시스템 소프트웨어의 사용자 교육과 기술 자문을 지원하기도 하며, 새로운 시스템 소프트웨어 관련 기술을 조사하고 연구한다. 시스템 소프트웨어 개발자가 되기 위해서는 대학교에서 컴퓨터 공학 관련 학과를 졸업하는 것이 유리하다. 관련 학과에서는 시스템 소프트웨어 설계에 필요한 C언어, JAVA와 같은 프로그래밍 언어, 데이터베이스, 소프트웨어 공학 이론 등을 공부하고 실제 소프트웨어 개발 실습을 한다.

응용 소프트웨어 개발자

응용 소프트웨어 개발자가 되기 위해서는 전문대학 및 대학교의 소프트웨어, 컴퓨터 공학, 전산(공학) 등을 전공하는 것이 유리하다. 이들 학과에서는 소프트웨어 공학, 프로그램 언어, 운영 체제, 데이터베이스, 자료구조를 비롯해 실제 응용 소프트웨어 개발에 필요한 지식을 습득하기 위한 분야를 배운다.

IT 분야는 비전공자도 해당 직무 교육을 받고 비교적 쉽게 진출할 수 있기 때문에 실제로 비전공자의 취업도 활발한 편이다. 비전공자는 사설 교육 기관에서 C 언어, 자바, 비주얼스튜디오, 델파이, 파워빌더 등 프로그래밍 언어를 배우고 진출하는 경우가 일반적이다. 취업에 있어 학력이나 자격증보다는 그동안 개발해 온 프로그램의 수준이 중요하다.

대기업은 공개 채용을 하는 편이고 벤처 형태의 작은 기업에서는 인맥을 통해서 또는 필요할 때마다 수시로 인터넷을 통해 모집 공고를 내기도 한다.

취업을 하고 나면 비교적 단순 작업을 수행하는 코더로 시작하여 차츰 개발 업무를 담당하게 되며, 경력이 쌓이면 단위 업무의 프로젝트 리더를 거쳐 하나의 프로젝트를 총괄하여 책임지는 프로젝트 매니저로 승진할 수 있다. 응용 소프트웨어 개발자로 경력을 쌓은 후 시스템 소프트웨어 개발자나 IT 컨설턴트로 진출하기도 한다. 최근에는 해외 민간 기업에서 발급하고 국제적으로 인정을 받는 OCP, SCJP, CCNA 같은 자격증을 취득하여 해외로 취업하는 경우도 늘어나고 있다.

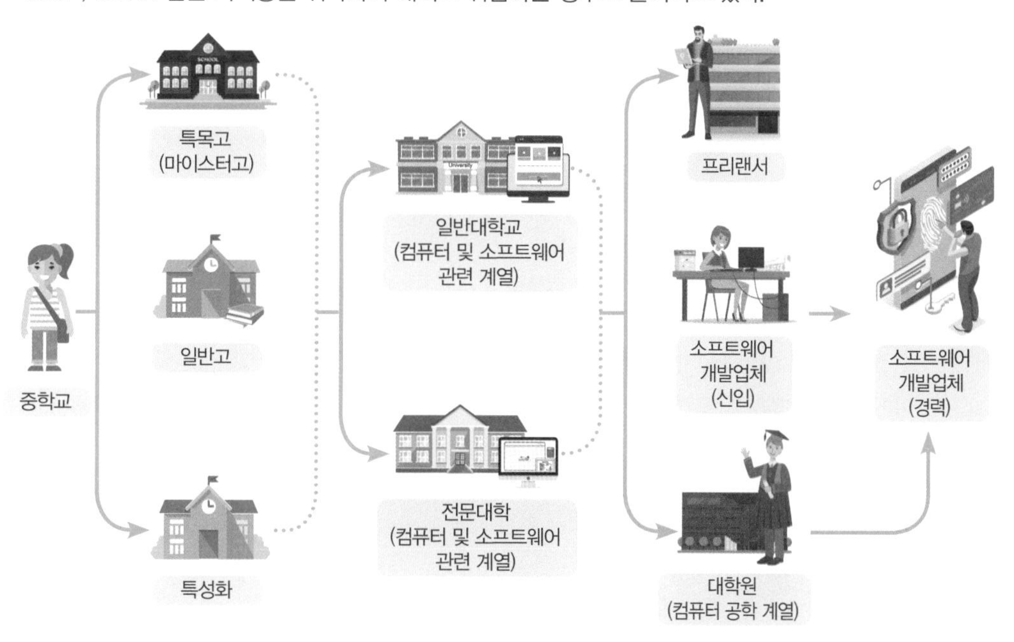

△ 응용 소프트웨어 개발자의 커리어 패스

응용소프트웨어 공학과

최근 모바일 기기, 의료 기기 등 주요 IT 기기를 활용하기 위한 소프트웨어의 가치가 부상하면서, 소프트웨어 분야는 국가가 미래 성장 동력으로 삼고 집중적으로 육성하고 있는 핵심 산업 분야로 각광받고 있다.
응용소프트웨어공학과는 소프트웨어 분야의 혁신적인 기술을 창의적으로 발전시킬 수 있는 인재를 양성하는 학과이다.

가상현실 전문가, 게임 프로그래머, 네트워크 관리자, 네트워크 프로그래머, 데이터베이스 개발자, 모바일 콘텐츠 개발자, 변리사, 시스템 소프트웨어 개발자, 웹 마스터, 웹 프로그래머, 응용 소프트웨어 개발자, 정보 시스템 운영자, 컴퓨터 보안 전문가, 컴퓨터 프로그래머 등

적성 및 흥미

컴퓨터에 대한 제반 지식과 기능을 다루므로 기계에 흥미가 있어야 하고 컴퓨터 다루는 것을 좋아해야 한다. 소프트웨어 응용 및 게임 개발 등을 위해서는 창의적인 발상과 새로운 분야에 대한 호기심이 있으면 좋다. 응용 소프트웨어 공학은 융합 학문이므로 공학적인 마인드와 함께 인문학이나 심리학 분야에도 관심이 있으면 좋다.

게임모바일콘텐츠학과, 임베디드소프트웨어학과, 게임공학과, 컴퓨터소프트웨어공학과, 인터넷소프트웨어학과, 게임애니메이션학과 등

중·고등학교
학교생활 포트폴리오

★동아리 활동★

코딩 및 컴퓨터 관련 동아리 활동을 통해 소프트웨어 개발에 필요한 기본 지식과 소양을 키운다.

★봉사 활동★

어린이나 노인, 소외계층 등을 대상으로 하는 컴퓨터 무료 강좌 봉사 활동에 지속적으로 참여한다.

★독서 활동★

코딩, 알고리즘, 컴퓨터, 공학 등 이공계 분야의 폭넓은 독서를 통해 이공 계열 기초 지식을 습득하고, IT 관련 잡지 구독 등을 통해 최신 정보를 습득한다.

★교과 공부★

수학, 정보, 기술 · 가정 교과 수업 활동에서 이공계 분야의 기본 역량이 발휘될 수 있도록 적극적으로 수업에 참여한다.

★교외 활동★

IT 관련 전시회나 IT 관련 기업 · 기관에서 주관하는 진로 체험 활동에 적극 참여한다.

※수학, 정보, 기술 · 가정 교과 수상 실적이나 코딩 및 컴퓨터 관련 수상 실적이 도움이 된다.

자격 및 면허

★국가 자격★

디지털제어산업기사, 전자기사, 전파전자기사, 전자계산기기사, 반도체설계기사, 전자회로설계산업기사, 정보통신기사, 전파통신기사, 정보처리기사, 전자계산기조직응용기사 등

★해외 자격★

MCSE, CCNA, OCP, SCNA, SCJP, CISA, CISSP 등

진출 분야

★기업체★

소프트웨어 개발업체, 컴퓨터 개발업체, 게임 개발업체, 모바일 프로그래밍 업체, 웹 프로그래밍 업체, 웹 페이지 구축업체, 애니메이션 관련업체, 영상물 제작업체

★정부 및 공공 기관★

컴퓨터 관련직 공무원, 한국콘텐츠진흥원, 한국소프트웨어진흥원 등

★연구소★

정보통신 관련 민간 · 국가 연구소 등

INVESTIGATIVE·탐구형 I

13 자동차 공학 기술자

1. 자동차 공학 기술자의 세계

최근 자동차 회사들은 딥 러닝(deep learning)을 기반으로 한 인공지능을 통해 마치 사람처럼 생각하고 주행하는 이른바 자율주행 자동차의 개발에 많은 투자를 하고 있다. 자율주행 자동차 개발 초기에는 높은 기술 장벽으로 인해 차량 원가가 거의 2억 원대에 이를 정도로 비쌌으나, 현재는 인공지능 및 자율주행 기술 덕택으로 차량 가격이 크게 낮아졌다. 대표적인 정보 기술(IT) 기업인 구글은 이미 300만㎞ 이상의 자율주행 무사고 운전을 기록했고, 애플은 '프로젝트 타이탄'이란 이름으로 자율주행 자동차를 개발 중이다. 이밖에도 실리콘밸리에서는 완벽한 자율주행 자동차 개발을 위한 수많은 시험 운행이 진행중이다. 자동차는 현대인에게는 없어서는 안 될 필수품이자 기계 문명의 완성체로 불리기 때문에 성능 면에서나 기능 면에서 빠른 속도로 발전하고 있다.

딥 러닝: 인간의 뇌와 비슷한 정보의 입력과 출력을 활용해 데이터를 학습하는 기술

자동차 연구 개발과 관련이 있는 학문을 자동차 공학이라 하며, 여기에는 여러 학문 분야가 융합되어 있다. 예를 들면 고체역학을 통해 더 안전한 자동차 몸체의 디자인을 만들어 내고, 유체역학을 통해 공기 저항과 오일 등 유체들의 움직임을 설계하며, 동역학을 통해 자동차의 주행 중의 움직임을 분석하고, 열역학을 통해 엔진 효율을 높이는 방법을 찾는다. 금속과 재료 공학은 자동차의 무게와 성능에 영향을 주며, 전기 · 전자 공학은 자동차를 편리하고 안전하게 제어하는 데 도움을 준다.

구글 모회사인 알파벳의 자율주행차 사업부 웨이모는 미국 최초로 2018년 자율주행 택시 서비스를 시작했다.

이처럼 자동차 공학이라는 학문을 이용하여 자동차를 개발하고 연구하는 업무를 수행하는 사람이 자동차 공학 기술자이다.

그것이 알고 싶다 역학의 종류에 대해 알아볼까?

분야	설명
유체역학	기체와 액체 등 유체의 운동을 다루는 물리학의 한 분야이다. 공학의 여러 부분과 밀접한 연관이 있으며, 다양한 방정식을 통해 나타낸다.
고체역학	응용역학의 한 분과로서, 고체의 변형력(응력) 및 변형에 대해 해석하는 학문이다. 고체에 가해지는 힘과 고체 재료의 정의, 물체의 변형에 관해 주로 연구한다.
열역학	열과 일의 관계를 다루는 학문이다. 열 현상을 포함하여 자연계 안의 에너지 흐름을 다룬다. 주로 화학이나 공학 분야에서 응용되고 있다.
동역학	물체 사이에 작용하는 힘과 물체의 운동과의 관계를 연구한다. 움직임 전반에 대해서 다루는 학문으로, 움직이는 물체와 움직이지 않는 물체를 합쳐놓은 결과물이다.

2. 자동차 공학 기술자가 하는 일

자동차는 약 2만 5,000개 정도의 각종 부품들로 만들어진 완성체로 매우 복잡하고 정교한 기계다. 자동차 공학 기술자는 승용차, 버스, 트럭, 이륜자동차 등과 같은 각종 차량의 차체, 엔진, 제동 장치 및 기타 구성품 등에 관하여 연구 · 설계하고, 개발 및 제조와 관련된 전체적인 과정을 관리 · 감독하는 업무를 수행한다.

각종 차량의 차체, 엔진 및 기타 차량 부품에 대한 개발 및 제조를 계획하고 감독한다.

자동차의 기계, 전기 및 기관에 대한 새로운 디자인을 개발하기 위해 다양한 관련 자료를 수집하고 검토 · 분석한다.

자동차 운전의 안정성과 경제성 및 각종 성능을 고려하여 여러 구성 부품 및 기관을 설계하고, 차량의 제조 및 개조 · 수리 작업을 감독한다.

자동차의 성능을 시험 · 평가하고, 설계 변경 시 최종 결정을 내리며, 제조 과정에서 발생하는 여러 문제점의 원인을 분석하고 해결책을 제시한다.

자동차의 안전과 성능에 대한 평가와 검증 업무를 담당하고 해당 차량의 안전 기준 및 시험 방법을 담당자들에게 전달한다.

차량의 안전성 및 성능에 문제가 생겼을 경우 문제의 원인 및 현황을 파악하는 등 정확한 후속 조치를 시행한다.

자동차 공학 기술자라는 직업은 전문적인 기술을 인정받는 엔지니어로 임금과 각종 복리 후생 수준이 다른 직업에 비해 높은 편에 속한다. 근무 시간이 짧은 편이고 정신적 · 육체적 스트레스는 상대적으로 낮은 편이나, 새로운 기기에 빠른 시간 내에 적응해야 하므로 빠른 학습 능력이 필요하다.

3. 자동차 공학 기술자에게 필요한 능력

자동차 공학 기술자는 기본적으로 물리와 수학 분야의 실력을 갖추는 것이 중요하다. 그리고 앞으로는 컴퓨터가 자동차의 모든 부분에 사용되는 만큼 컴퓨터 프로그래밍 등 컴퓨터를 잘 다룰 수 있는 능력도 매우 중요하다.

자동차의 전반적인 구조를 이해하고 새로운 모델이나 기술을 개발하기 위해서는 논리적이고 분석적이며 창의적인 사고력이 요구된다. 또한 자동차 개발 과정에서 다른 분야의 전문가들과의 협업을 진행하는 경우가 많기 때문에 협동심과 원만한 대인 관계도 필요하다. 직업 흥미 유형 중 탐구형과 실재형의 흥미를 가진 사람 또는 꼼꼼하고 분석적인 사고를 하며, 스트레를 잘 견딜 수 있는 성격을 가진 사람들에게 유리하다.

나아가 미래에는 자율주행 자동차가 대중화될 것이므로 자동차 공학 기술자는 로봇 및 컴퓨터 공학, GPS, 전자제어 등 첨단 기술과 관련한 지식과 기계 공학이나 자동차 공학뿐 아니라 IT, 시스템, 컴퓨터, 물리학 분야까지도 아우르는 높은 수준의 지식을 갖추어야 한다.

4. 자동차 공학 기술자와 관련된 학과 및 자격증

- **관련 학과**: 금속공학과, 기계공학과, 자동차공학과, 기계설계학과, 차량기계과, 정밀기계공학과, 자동차과 등
- **관련 자격**: 자동차차체수리기능사, 자동차정비기능사, 자동차정비산업기사, 자동차정비기능장, 자동차검사기사, 자동차검사산업기사 등

정밀기계공학과는 어떤 학과일까?

정밀기계공학과에서는 동역학, 제어, 고체 및 재료, 열, 유체, 광학 분야 등을 폭넓게 배우면서 전기전자 공학 분야를 접목하여 연구를 진행한다. 실험을 통하여 생산 자동화 및 지능화 등 급속하게 변하는 과학 기술의 발전을 이끄는 역할을 하고, 첨단 기술을 연구 · 발전시킴으로써 새로운 과학 문명을 창조할 수 있는 능력을 가진 인재를 양성하는 학과이다.

5. 자동차 공학 기술자의 직업 전망

4차 산업 혁명을 맞아 자동차 산업은 혁신적으로 바뀌고 있다. 기계 및 전자 공학을 기반으로 통신 · 재료 · 환경 공학 등 여러 기술이 융합되어 발전하고 있으며, 지능형 자동차 · 자율주행 자동차 등 미래형 첨단 자동차 분야와 수소 자동차 · 전기 자동차 · 연료전지 자동차 등 친환경 자동차의 분야로 나뉘어 발전하고 있다.

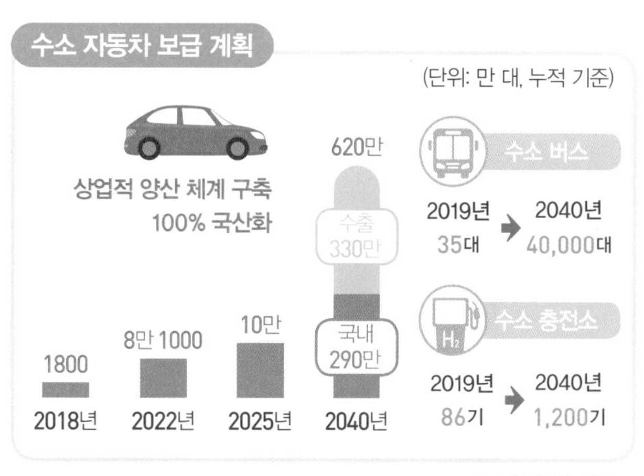

출처: 산업통상자원부

미래 자동차 산업에서 가장 유망한 분야는 크게 4가지로 나뉜다. 전기와 수소 연료차를 위한 전기/수소 에너지를 확보하는 방법과 관련된 분야, 전기차용 배터리 성능을 개선하는 분야, 내연기관 엔진의 효율성을 개선하는 분야, 알루미늄과 플라스틱 부품을

많이 도입하여 경량화와 연비 개선을 이루어내는 분야이다. 따라서 현재 엔진이나 부품을 개발하는 자동차 공학 기술자보다는 자율주행 자동차, 커넥티드 카 등 스마트 카의 핵심적인 분야인 전기 및 전자 관련 자동차 공학 기술자 분야의 인력 수요가 크게 늘어날 전망이다.

자동차 관련 용어에 대해 알아볼까?

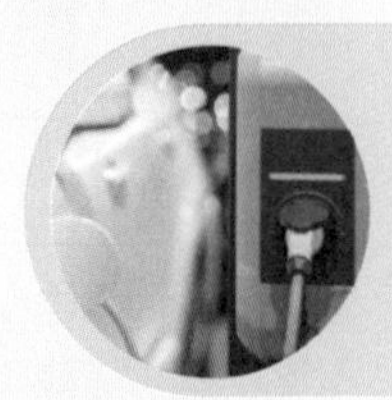

전기 자동차(electric vehicle)

전기를 동력으로 하여 움직이는 자동차
㉮ 테슬라S, BMV i3

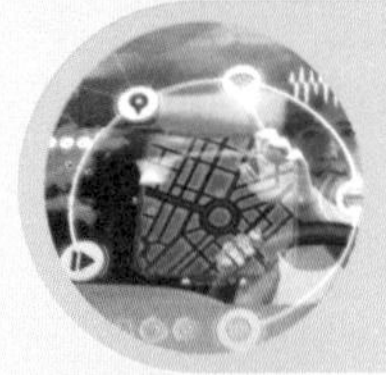

커넥티드 카(connected car)

자동차에 통신 기능을 탑재하여 통신기기 또는 외부 인프라(클라우드)와의 연동을 통해 자동차의 안전과 편의성을 향상시킨 차
㉮ 스마트폰과 자동차 연결

무인 자동차(driveless car)

운전자의 조작 없이 스스로 주행할 수 있는 자동차를 말하며, 자동운전 자동차(autonomous car) 또는 자율주행 자동차(self-driving car)라고도 함

스마트 카(smart car)

보통 커넥티드 카(connected car)를 의미하며, 넓은 의미로는 무인 자동차(driveless car)까지 포함

인포테인먼트 시스템(infortainment system)

정보(information)와 오락(entertainment)의 합성어로, 정보 전달에 오락성을 가미한 시스템
㉮ 차량 내 내비게이션이나 비디오 · 오디오 등

자동차 공학 기술자와 관련 있는 직업

자동차 공학 기술자와 관련된 직업으로는 메카트로닉스 공학 기술자, 자동차 도장공, 자동차 설계 기술자, 자동차 엔진 기술자, 전기 자동차 설계 기술자, 자동차 정비원 등이 있다.

자동차 공학 기술자

자동차 공학 기술자는 자동차의 전반적인 부분에 대한 지식이 필수이기 때문에 전문대학이나 대학교에서 자동차 공학, 기계 공학, 전기전자 공학 등을 전공하면 좋다. 기본적으로 유체역학, 고체역학, 열역학, 동역학 등의 공학적 원리 및 적용에 대한 이론적 지식과 자동차 제조와 관련된 분야의 지식도 요구된다.

자동차 공학 기술자는 공개 채용이나 특별 채용을 통해 자동차 관련 회사에 취업할 수 있지만, 취업 후 일정 기간 동안 사내 교육 훈련을 통해 경력을 쌓고 그 후에 자동차 공학 기술자로 활동하는 것이 일반적이다.

이외에도 기계직 공무원 등으로 진출하거나 전기 자동차 · 수소 자동차 등 국가적인 사업으로 개발이 진행되는 분야를 연구하는 한국기계연구원, 한국표준과학연구원, 한국과학기술연구원 등 정부나 공공 기관에서도 근무할 수 있다. 연구원의 경우에는 보통 석사 이상의 학력을 요구한다.

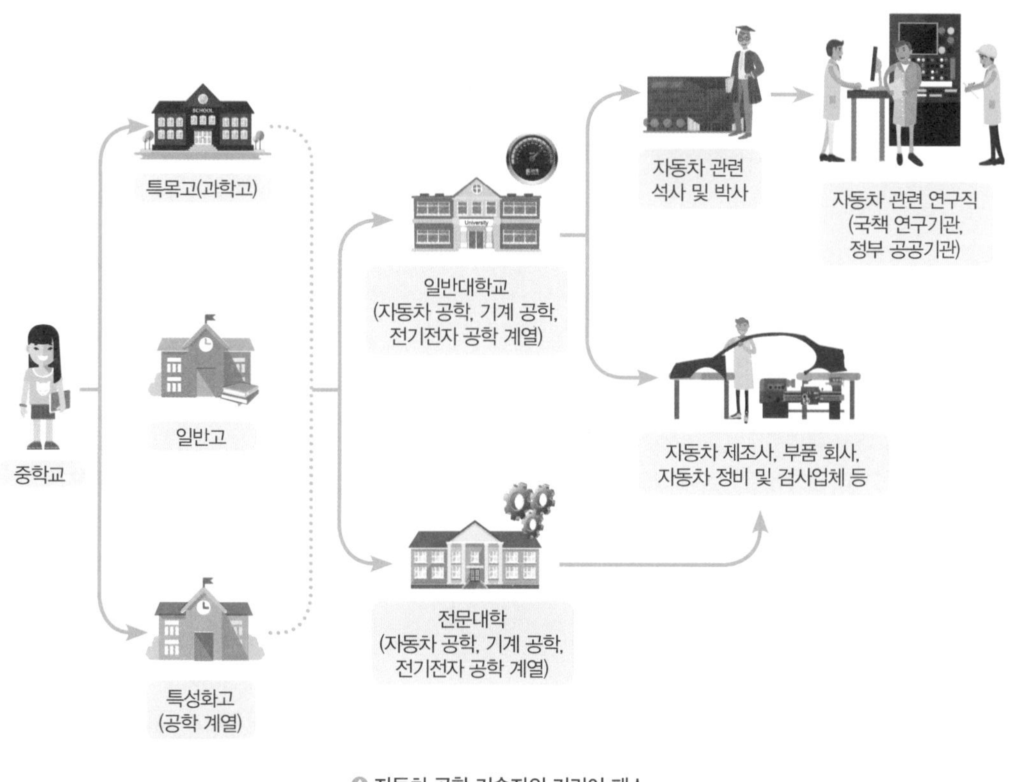

△ 자동차 공학 기술자의 커리어 패스

자동차공학과

학과 소개

자동차공학과에서는
동역학 · 열역학 · 유체역학 · 재료 공학 등 기계
자동차 공학의 기초를 익힌 후, 자동차 관련한 제어
공학 · 정보통신 · 소프트웨어 공학을 배우고 실습한다.
이러한 교육 과정을 통해 자율주행 자동차, 친환경
자동차, 공유 자동차, 스마트 모빌리티가 가져오는
미래의 자동차 산업에 대한 지식을 키우고,
창의적 능력을 갖춘 자동차 공학 분야의
전문 인력을 양성하는 학과이다.

진출 직업

자동차 공학 기술자, 자동차 소재
연구자, 기계 공학 기술자, 기계 공학
시험원, 전기계측제어 기술자, 자동화
시스템 설계 및 제조자, 시스템
소프트웨어 기술자, 자동차 설계
기술자, 자동차 엔진 기술자 등

적성 및 흥미

자동차 공학을 전공하기 위해서는 다양한
분야의 이론을 복합적으로 공부해야 한다.
따라서 평소 여러 분야에 호기심이 있으면 좋다.
수학과 물리와 같은 과목을 잘하고, 자신이 가지고
있는 지식을 잘 활용하고 응용할 수 있는 능력이
있으면 자동차 공학을 전공하는 데 많은
도움이 된다.

관련 학과

미래자동차공학과, 기계자동차공학과,
자동차공학과, 자동차관리학과,
자동차기계공학과, 차세대교통차량공학과,
카메카트로닉스학과, 하이브리드공학과,
기계 · 자동차공학과, 기계자동차공학과,
자동차소프트웨어학과, 자동차ICT공학과,
스마트자동차학과, 자동차IT융합학과,
스마트자동차공학과, 자동차산업공학과,
자동차응용공학과 등

중·고등학교
학교생활 포트폴리오

★동아리 활동★

과학, 공학, 자동차 관련 동아리 활동을 통해 공학적인 소양을 키운다.

★봉사 활동★

사회 소외 계층을 대상으로 일회성이 아닌 지속적인 봉사 활동에 참여하는 것이 좋다.

★독서 활동★

과학 및 공학 등 이공계 분야의 폭넓은 독서를 통해 이공 계열 기초 지식을 습득하고, 자동차 관련 잡지 구독 등을 통해 최신 정보를 습득하는 것이 좋다.

★교과 공부★

과학, 수학, 정보, 기술 · 가정 교과 수업 활동에서 이공계 분야의 기본 역량이 발휘될 수 있도록 적극적으로 수업에 참여한다.

★교외 활동★

자동차 회사에서 주관하는 진로 체험 활동이나 자동차 모터쇼 관람 등에 적극 참여한다.

※ 과학, 수학, 기술 · 가정 교과 수상 실적이나 과학 관련 교내 대회나 과학 전람회 등 과학 관련 외부 수상 실적이 도움이 된다.

자격 및 면허

★국가자격★
기계설계기사,
메카트로닉스기사, 손해사정인,
자동차정비기사자동차정비산업기사,
자동차진단평가사, 자동차검사기사,
자동차관리기사, 자동차검사산업기사,
일반기계기사, 자동차정비기사,
차량기술사 등

진출 분야

★기업체★
각종 기계 및 장비 관련 생산업체,
산업기계 제작 회사, 자동차 생산업체,
자동차 부품 설계 및 생산업체, 자동차 정비 및
검사업체 등

★정부 및 공공 기관★
한국기계연구원, 한국표준과학연구원,
한국과학기술연구원 및 기계직 공무원

INVESTIGATIVE・탐구형 I

14 정보 보안 전문가

1. 정보 보안 전문가의 세계

최근 세계적인 포털 검색 사이트에서 최소 5억 개의 사용자 개인 정보가 유출되었다는 소식이 전해지면서 전 세계를 충격에 빠트렸다. 개인 정보 유출 사건으로는 역사상 최대 규모였다. 그러나 더욱 심각한 문제는 실제 사건은 해킹 사실이 드러나기 한참 전에 발생했었다는 점이다. 즉, 그동안 해커들은 몇 년 동안 해당 사이트의 사용자 개인 정보에 마음대로 접근하여 정보를 악용해왔다는 것이다.

이외에도 은행 전산망이 해킹을 당해 고객의 각종 금융 정보가 유출되는 등 컴퓨터 보안 관련 사고가 끊임없이 발생하고 있다. 소중한 개인 정보의 유출이나 국가의 중요한 전산망의 정보 유출 행위는 사회적으로 커다란 혼란을 가져오고 재산상 피해를 입힐 수 있다.

정보 보안 전문가는 정보 사회에서 사람들이 안전하게 인터넷 생활을 할 수 있게 해 주는 역할을 담당한다. 외부로부터 컴퓨터 전산망을 안전하게 지키고 불법적인 행위를 막아주는 사람이 정보 보안 전문가이다.

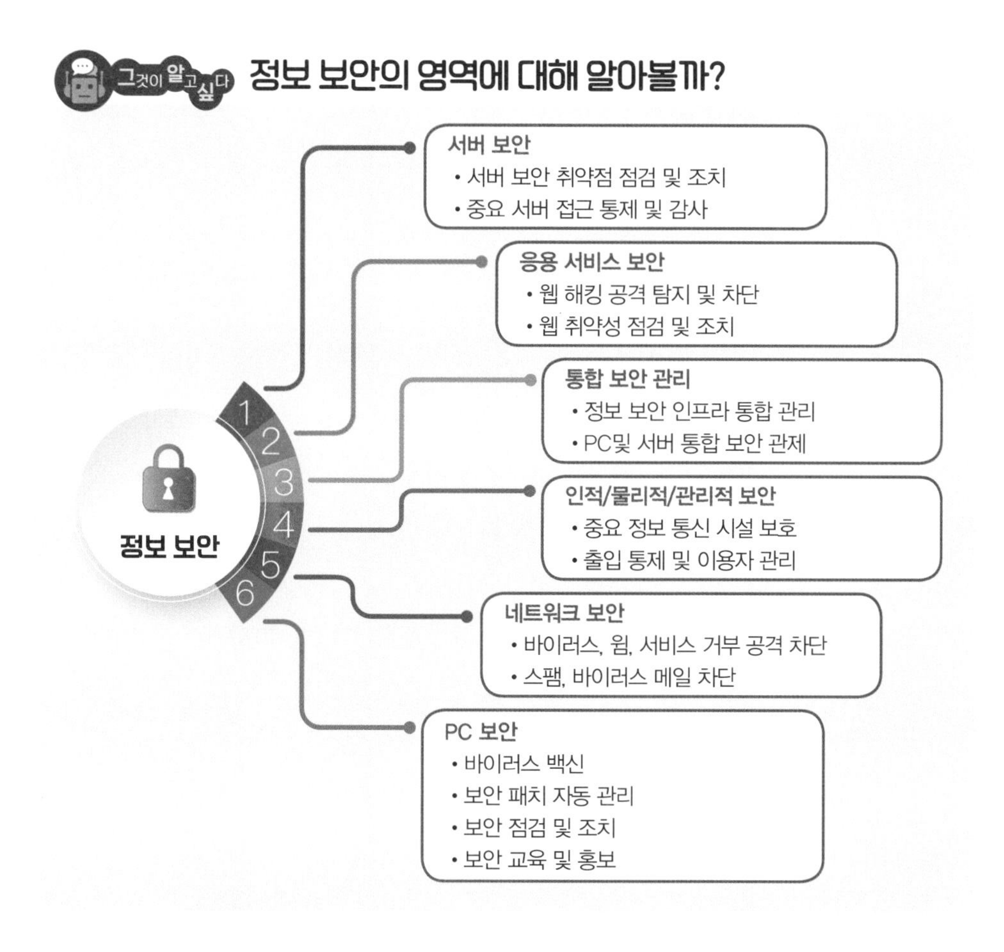

2. 정보 보안 전문가가 하는 일

정보 보안 전문가는 개인이나 기업, 국가 기관 등에서 사용하는 컴퓨터를 비롯한 전산망들에서 해킹이나 바이러스 등 외부의 불법적인 행위들이 발생할 수 있는 모든 문제들을 사전에 파악하고 대응하며, 불법적인 행위들이 발생했을 때 적절하게 대처하여 안전하게 지키는 일을 한다.

정보 보안 전문가는 하는 일에 따라 보안 관제 전문가, 모의 해킹 전문가, 악성코드 분석 전문가, 보안 제품 개발자, 침해 사고 대응 전문가, 디지털 포렌식 전문가, 취약점 분석 전문가로 구분한다.

정보 시스템이나 네트워크를 보호하기 위한 계획을 수립하고 정보 자산을 보호하기 위해 시스템, 네트워크, 데이터베이스, 애플리케이션 등 관련 시스템을 점검하고 다양한 해결책을 제시한다.

외부의 불법 침입에 대비한 모의 해킹 테스트를 실시하고, 자체적으로 개발한 암호화 기술이나 보안 프로그램들을 이용해 문제점을 찾아내고 해결한다.

손상된 시스템과 정보를 신속하게 복구하고, 정보 보안의 중요성을 많은 사람들에게 홍보한다.

각종 컴퓨터 바이러스의 발생에 대한 대비책을 수립하고, 컴퓨터 바이러스 백신 프로그램을 개발하여 보급하며, 감염된 데이터를 안전하게 복구한다.

3. 정보 보안 전문가에게 필요한 능력

정보 보안 전문가는 정보 보호를 위한 정책을 수립하고 시스템, 네트워크, 데이터베이스, 애플리케이션 등 전체적인 시스템을 점검하는 것이 기본 업무이다. 따라서 분석적인 사고 능력이 요구되고 혁신적이고 탐구적인 성격을 가진 사람에게 적합하다. 또한 컴퓨터 프로그래밍 언어, 네트워크 운영 체제 등 컴퓨터 전반에 대한 폭넓은 지식이 요구된다.

정보 보호와 관련한 새로운 기술들이 계속 등장하기 때문에 항상 새로운 정보를 호기심 있게 살펴보는 자세도 매우 중요하다. 신속한 대처 능력과 판단력, 산업 전반에 걸친 폭넓은 지식과 안목을 갖춰야 하며 책임감과 윤리 의식이 요구된다.

정보 보안의 3대 요소를 알아볼까?

① **기밀성(confidentiality)**: 인가(authorization)된 사용자만 정보 자산에 접근할 수 있는 것
② **무결성(integrity)**: 적절한 권한을 가진 사용자에 의해 인가된 방법으로만 정보를 변경할 수 있도록 하는 것
③ **가용성(availability)**: 정보 자산에 대해 적절한 시간에 접근할 수 있는 것

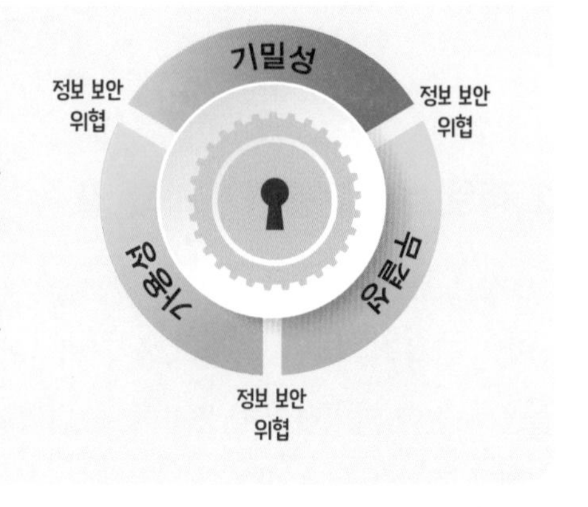

4. 정보 보안 전문가와 관련된 학과 및 자격증

- **관련 학과**: 정보보호학과, 정보보안공학과, 정보보안해킹과, 사이버경찰과, 통계학과, 컴퓨터공학과 등
- **관련 자격**
  - 국내 자격: 개인정보보호사, 정보보안기사, 정보보안산업기사, 정보시스템감리사, 인터넷보안전문가 등
  - 국제 자격: 보안전문가(CISA), 국제공인 정보시스템 보안전문가(CISSP), 정보보호전문가(SIS) 등

5. 정보 보안 전문가의 직업 전망

현대 사회는 개인이나 기업, 정부에서 하는 일들이 대부분 전산화되고 있기 때문에 정보 보안의 중요성이 갈수록 커지고 있다. 특히 모든 사물이 네트워크로 연결되는 사물 인터넷 시대가 본격적으로 열리면 정보 보안에 대한 관심과 중요성은 훨씬 더 증가할 것이다. 정보 보안은 제4차 산업 혁명 사회에서 필수 요소다. 이러한 사회적인 환경 변화 상황에서 국가 기관이나 기업은 정보 유출로 인한 피해를 줄이고 안정적인 네트워크 환경을 유지하기 위해 노력해야 하므로 정보 보안 전문가의 직업적 전망은 매우 밝다.

다른 직업에 비해 전문성이 요구되므로 보수도 높은 편에 속한다. 현재는 정보 보안 전문가의 공급이 매우 부족한 형편으로 금융권과 공공 기관의 정보 보안 관련 인력을 채우기도 충분하지 않은 상황이다. 앞으로는 의료 산업과 교육 산업 등에도 인력 수요가 확대될 것으로 전망된다.

정보 보안 전문가가 갖춰야 할 요건을 구체적으로 알아볼까?

1. 윤리 의식

① 컴퓨터를 타인을 해치는 데 사용하지 않는다.
② 타인의 컴퓨터 작업을 방해하지 않는다.
③ 타인의 컴퓨터 파일을 염탐하지 않는다.
④ 컴퓨터를 절도해서 사용하지 않는다.
⑤ 거짓 증거로 컴퓨터를 사용하지 않는다.
⑥ 소유권 없는 소프트웨어를 사용하거나 불법 복제하지 않는다.
⑦ 승인이나 적절한 보상 없이 타인의 컴퓨터를 사용하지 않는다.
⑧ 타인의 지적 재산권을 침해하지 않는다.
⑨ 자신이 만든 프로그램이나 시스템으로 인한 사회적 결과에 책임을 진다.
⑩ 동료를 고려하고 존중하는 방식으로 컴퓨터를 사용한다.

출처: 컴퓨터 윤리 기관(Computer Ethics Institute)에서 발표한 윤리 강령 10계명

2. 다양한 분야에 대한 전문성

① **운영 체제**
- 네트워크와 병행한 운영 체제에 대한 이해가 필요하다.
- 실무적으로 가장 중요한 운영 체제는 윈도(windows), 서버의 경우에는 유닉스(UNIX) 서버이다.
- 최근에는 리눅스가 매우 다양한 형태로 발전하고 있다.

② **TCP/IP 네트워크**
- TCP/IP는 1973년대에 만들어져 지금까지 네트워크의 기본이 되는 프로토콜이다.
- 따라서 매우 중요하기 때문에 동작 하나하나까지 이해해야 한다.

③ **프로그래밍**
- 대체로 기본적인 C 프로그래밍과 객체지향 프로그래밍에 대한 이해, HTML 등을 익혀야 한다.
- 수준 높은 보안 전문가가 되려면 프로그래밍 능력이 상당히 중요하다.

④ **서버**
- 보안 전문가는 서버를 이해하는 것이 필수다.
- 데이터베이스의 경우 기본적인 SQL 학습이 필요하다.

정보 보안 전문가와 관련 있는 직업

정보 보안 전문가와 관련된 직업으로는 네트워크 관리자, 정보 시스템 운영자, 정보 시스템 감리 전문가, 정보 보안 컨설턴트 등이 있다.

정보 보안 전문가

정보 보안 전문가가 되려면 전문대학이나 대학교에서 컴퓨터공학과, 정보보호학과, 정보통신공학과, 전자공학과, 전산학과, 정보처리학과, 경영정보학과, 회계학과, 법학과 등을 졸업하는 것이 유리하다. 관련 학과에서 정보 보안과 관련한 전문적이고 체계적인 내용을 배울 수 있기 때문이다. 또한 한국정보보호교육센터와 한국정보통신교육원 등에서 정보 보안 전문가를 양성하기 위한 직업 훈련 교육을 받은 후에 정보 보안 전문가 관련 자격증을 취득하는 것도 취업에 도움이 된다. 특히 국제 전문가 자격증을 따면 취업이나 승진에서 유리한데, 이는 합격이 쉽지 않고 관련 분야에서 상당 기간 경력을 쌓은 후에야 취득할 수 있다.

정보 보안 전문가는 공개 채용보다는 특별 채용을 하는 경우가 많다. 주로 진출하는 곳은 정보 보안에 대한 취약점 분석과 보호 대책 수립을 지원하는 정보 보호 컨설팅 업체를 비롯해 바이러스 백신 개발업체, 인터넷 서비스 제공업체, 보안 시스템 개발업체, 기업체의 정보 보호 부서, 국가 기관 등이다. 4년제 대학교 졸업 이상자에 한해 채용하는 곳이 많으며, 신입 직원보다 경력 직원을 우대하여 채용하는 편이다.

정보 보안 전문가라는 직업에 관심이 많다면 컴퓨터 전반에 대한 지식을 습득하기 위해 컴퓨터 관련 분야 독서 활동이나 컴퓨터 관련 분야에 대한 체계적인 학습이 필요하다. 또한 학교 내 컴퓨터 동아리나 정보 보안 동아리 활동에 참여하는 것과 각종 공모전이나 경진 대회 등의 참가를 통해 자신의 실력을 쌓아 나가는 것도 도움이 된다. IT 관련 기업이나 정보 보안 관련 업체들에서 진행하는 각종 체험 활동 등에도 적극 참여하도록 한다.

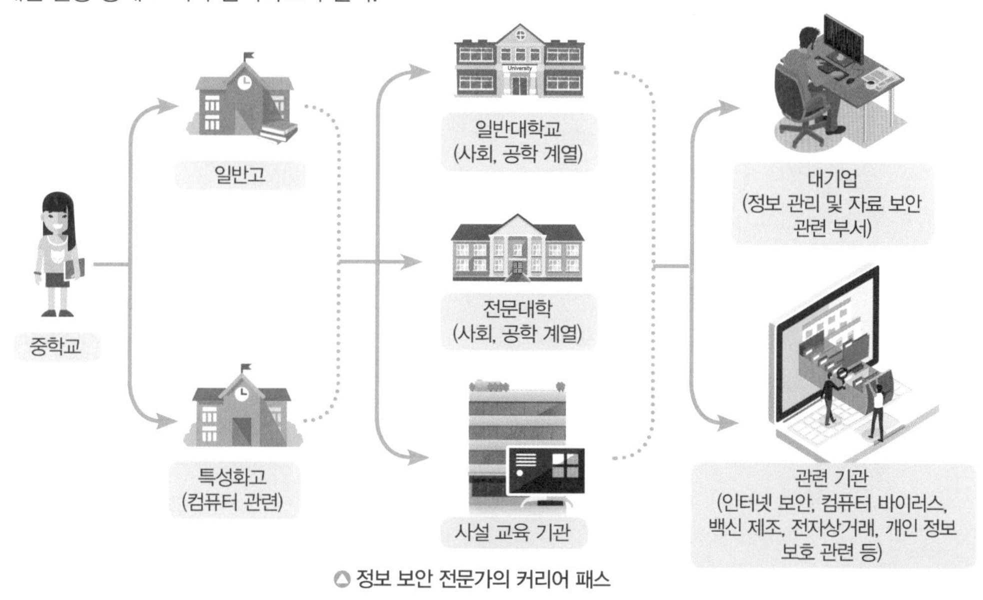

△ 정보 보안 전문가의 커리어 패스

사이버보안학과

정보 통신 기술이 사회의 모든 분야에 활용되면서 모든 업무에 보안이 필수 요소가 되었다. 사이버보안학과는 정보 통신 기술과 관련된 다양한 융합 산업이 급속히 확대되면서 기존의 사이버 공간의 위험으로 인해 막대한 경제적 피해와 사회적 혼란이 발생하는 것을 예방하는 최고의 보안 전문가를 양성하는 학과다.

컴퓨터 공학 기반 지식을 바탕으로 ICT 및 다양한 융합산업 분야의 보안 기술에 관한 이론 및 실습을 통해 체계적 교육을 받는다.

IT 컨설턴트, 보안 시스템 기술자, 보안 프로그램 개발원, 산업 보안 전문가, 정보 보호 전문가, 정보 보안 컨설턴트, 컴퓨터 보안 서비스 종사자, 정보 보안 전문가, 컴퓨터 시스템 설계 및 분석가 등

적성 및 흥미

평소 컴퓨터 활용이나 컴퓨터 보안, 컴퓨터 백신 개발 등에 흥미가 있다면 이 학과에 관심을 가져 볼 만하다. 특히 컴퓨터 소프트웨어나 프로그램 활용 능력이 뛰어나다면 정보보호학과 공부에 많은 도움이 된다.

수학, 통계학 등에 관심이 있다면 암호 해독 등 사이버보안 전공에 도움이 되고, 정보 보호 및 보안을 위한 윤리의식과 책임의식도 매우 필요하다. 문제점을 찾고 해결하는 업무를 위해 분석적이고 꼼꼼한 성향의 학생에게 적합하다.

융합보안학과, 정보통신보안학과, 사이버보안학과, 정보관리보안학과, 정보보안학과, 해킹보안학과, 항공산업보안학과, 융합보안공학과, 산업보안학과, 사이버정보보안학과, 정보보호공학과, 정보보안공학과, 정보보안암호수학과 등

중·고등학교
학교생활 포트폴리오

★동아리 활동★

컴퓨터 관련 동아리 활동을 통해 컴퓨터와 IT 관련 기본 소양을 키운다.

★봉사 활동★

보육원이나 노인들을 대상으로 컴퓨터를 교육하는 봉사 활동을 추천한다. 일회성보다는 지속적으로 참여하는 것이 좋다.

★독서 활동★

IT 및 컴퓨터 관련 분야의 폭넓은 독서를 통해 컴퓨터 관련 기초 지식을 습득하고, 컴퓨터 잡지 구독을 통해 최신 정보를 습득하는 것이 좋다.

★교과 공부★

수학, 정보, 기술 · 가정 교과 수업 활동에서 IT 및 컴퓨터 분야의 기본 역량이 발휘될 수 있도록 적극적으로 수업에 참여한다.

★교외 활동★

정보 보호 회사에서 주관하는 진로 체험 활동이나 컴퓨터 및 정보 보안 관련 전시회에 적극 참여한다.

※ 수학, 정보, 기술 · 가정 교과 수상 실적이나 교내 컴퓨터 경진 대회 및 관련 외부 수상 실적도 도움이 된다.

★국내 자격★

네트워크관리사, 전자상거래관리사, 정보처리기사, 정보처리산업기사, 정보보안기사, 정보보안산업기사, ISMS인증심사원, PIMS인증심사원, 해킹보안전문가 1급 · 2급 · 3급, 리눅스마스터, 디지털포렌식전문가 등

★해외 자격★

CISA, CISSP, EnCE, 정보보호관리자(CISM) 등

진출 분야

★기업체★

IT 및 정보 보안업체, 기업체의 IT 및 정보 통신 부서, 기업체의 정보 전략 분야, 정보 시스템 관련 업체, 소프트웨어 · 모바일 개발업체, 정보 보호 관련 기업, 통신사업자, 포털 · 게임업체 등

★정부 기관 및 연구소★

정부의 정보 보안 관련 부서, 정보 보안 및 감사 관련 공공 기관 등

15 증강현실 전문가

1. 증강현실 전문가의 세계

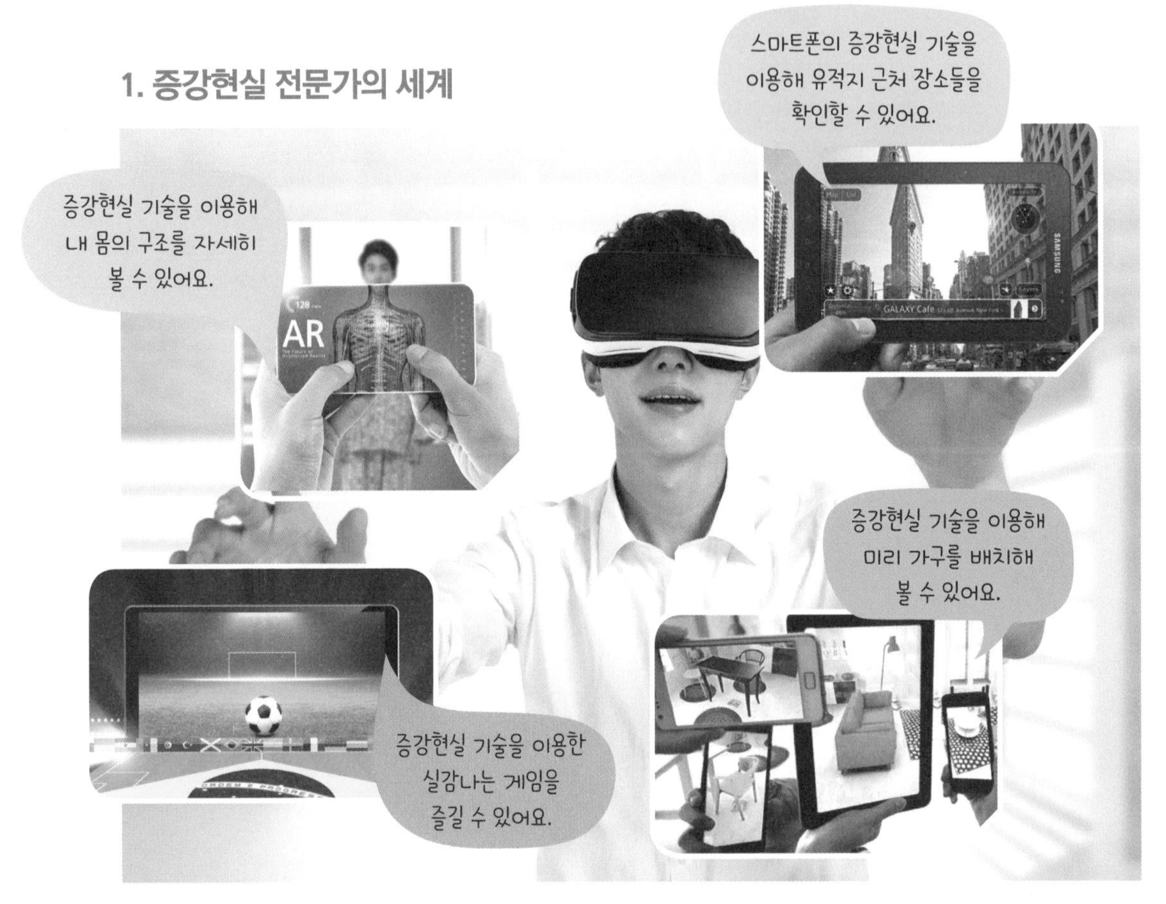

◎ 증강현실 기술의 활용 사례

◎ 증강현실 게임 '포켓몬 GO'

얼마 전 전 세계 많은 사람으로부터 선풍적인 인기를 끌었던 '포켓몬 GO'라는 스마트폰 게임이 있다. 기존 게임들은 게임 속 세계 안에서만 몬스터를 잡을 수 있었던 것에 비해, 이 게임은 이용자가 직접 실제 밖을 돌아다니면서 그곳에 출현한 몬스터를 잡는다. 길을 걷다가 또는 경찰서나 우체국,

슈퍼마켓 등 여러 장소에서 출현하는 몬스터를 잡는 것이다. 화면 속에 나오는 몬스터를 잡는 데 몰입한 나머지 부상당하는 사람들이 생기는가 하면, 심지어는 게임 아이템을 통해 사람들을 속여 금품을 빼앗는 강도 사건까지 벌어질 정도로 많은 인기를 끌었다.

이와 같은 게임이 가능해진 이유가 바로 증강현실(augmented reality; AR) 기술 때문이다. 증강현실이란 현실의 이미지나 배경에 3차원의 가상 이미지를 겹쳐서 하나의 영상으로 보여주는 기술을 말한다. 증강현실 기술을 활용하여 다양한 가상의 시간과 공간을 체험할 수 있는 시스템을 개발하는 사람을 증강현실 전문가라고 한다.

가상현실이 컴퓨터 그래픽으로 만든 가상의 세계에서 활동할 수 있는 형태라면, 증강현실은 실제 환경에 가상의 사물이나 정보를 합성하여 실제의 공간처럼 느끼게 해 주는 기술로 현실감이 더욱 뛰어나다.

2. 증강현실 전문가가 하는 일

증강현실 전문가는 증강현실 기술을 적용하기 위해 필요한 각종 기기 개발, 증강현실 시스템 알고리즘 구현 및 개발, 동작 인식 알고리즘 개발 등을 통해 모바일이나 PC에서 사람들이 증강현실 기술을 사용할 수 있도록 한다.

모바일 게임, 교육 및 스마트폰 애플리케이션 등 사용자가 원하는 증강현실 시스템을 파악하고 각종 정보를 수집한 후 개발 방향을 설정한다.

증강현실 시스템에 적용할 알고리즘을 개발한다.

새로운 제품에 대한 전체적인 기획안을 만든다.

개발된 알고리즘을 응용하고, 영상 처리 기술을 기반으로 증강되어 나타나게 할 객체를 안정적이고 정확하게 표현해 내는 시스템을 개발한다.

시스템이 개발되면 테스트, 통합, 최적화 작업 과정 등을 거쳐 전체 시스템을 완성한다.

3. 증강현실 전문가에게 필요한 능력

실감나는 증강현실 시스템을 구현하기 위해서는 알고리즘을 개발할 수 있는 공학적인 능력이 필요하다. 또한 사용자가 현실감을 느낄 수 있도록 표현해내는 시각적 표현 능력도 있어야 한다. 창의적이면서도 종합적인 분석을 통해 작업이 이루어지므로 전체를 볼 수 있는 거시적인 안목과 분석력, 창의력, 공간 지각력이 요구되며 가상의 시공간에 대한 폭넓은 응용력이 필요하다.

국내에는 아직까지 증강현실과 관련된 자료들이 많지 않아 해외 서적이나 논문 등을 참고해야 하는 경우가 많으므로 영어 등의 외국어 능력을 갖추면 도움이 된다. 그리고 영상 처리 기술은 수학적 계산 능력을 필요로 하는 분야이므로 기본적인 수학 실력과 수학적 분석력이 특히 중요하며, 공간 지각력과 합리적인 사고력 등도 필요하다.

증강현실 기술로 개발할 테마와 아이템을 찾아내는 능력, 스토리 구상 등에 필요한 창의적이고 혁신적인 사고를 할 수 있는 능력, 오랜 시간 동안 프로젝트를 진행하는 경우가 많으므로 끈기와 인내심, 호기심과 탐구심, 직관력, 통찰력도 필요하다. 또한, 개발 과정에서 여러 사람들과 의견을 조율하거나 팀을 이루어 일하는 경우가 많으므로 협동심과 원만한 대인 관계 능력도 필요하다.

4. 증강현실 전문가와 관련된 학과 및 자격증

- **관련 학과**: 컴퓨터소프트웨어과, 산업디자인과, 애니메이션과, 컴퓨터공학과, 컴퓨터과학과, 컴퓨터그래픽과, 컴퓨터디자인학과, 컴퓨터응용제어과, 컴퓨터프로그래밍과 등
- **관련 자격**: 컴퓨터그래픽스운용기능사, 시각디자인기사, 정보처리기사, 시각디자인산업기사, 시각디자인기사 등

증강현실과 관련된 주요 기술에는 무엇이 있을까?

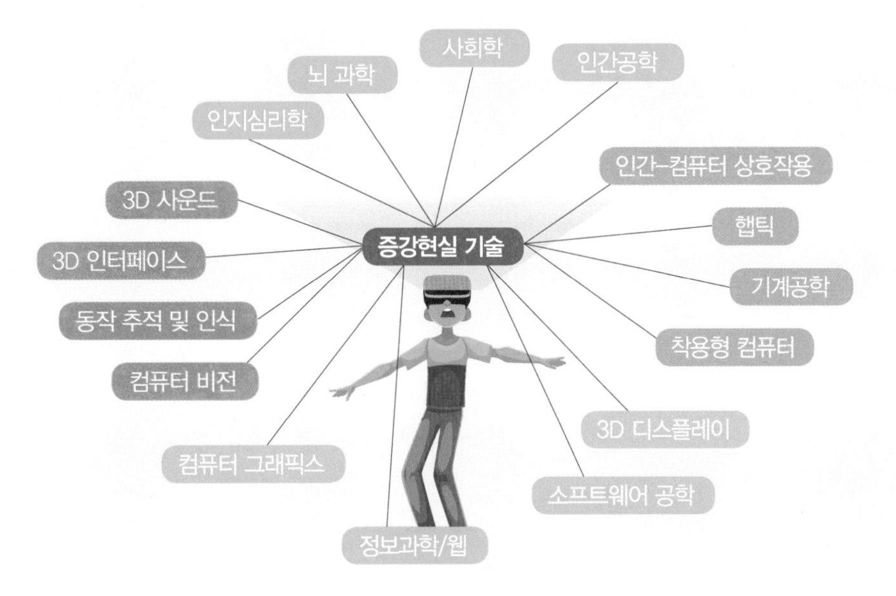

5. 증강현실 전문가의 직업 전망

현재 증강현실 기술은 사용자에게 주로 시각적인 정보 위주로 제공되고 있지만, 미래에는 청각과 촉각 등 오감 정보까지 체험이 가능한 증강현실 서비스가 가능해질 것으로 전망된다. 또한 착용형 컴퓨터 기술의 발달은 모바일 환경에서의 증강현실 서비스의 질을 더욱 높여 주어 더욱 다양한 분야에의 활용이 가능해질 것으로 기대된다.

하지만 증강현실 기술은 아직 실험적인

수준에 머무르고 있다. 증강현실 기술이 산업 현장이나 의료 현장에서 실제로 사용되려면 무엇보다 정밀도와 안정성의 확보라는 과제를 해결해야 한다.

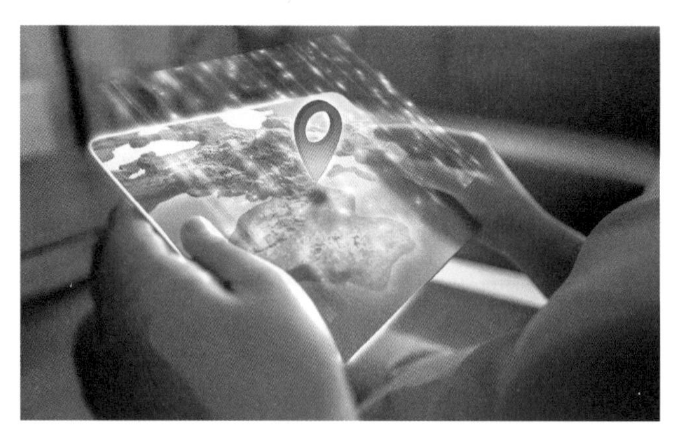

증강현실 기술은 미래 지식 서비스 산업의 핵심이다. 게임뿐 아니라 의료 산업, 쇼핑 등 더욱 다양한 분야에서 증강현실 전문가의 수요는 점점 증가할 것으로 예상된다. 또 방송국 등 증강현실 기술을 적용하고 있는 영상 처리 관련 업체로의 진출도 유망한데, 앞으로는 영상 처리 관련 장비와 처리 기술의 향상으로 더욱 다양한 분야에서 응용될 가능성이 많아 이와 관련된 분야의 진출이 기대된다.

증강현실 전문가와 관련 있는 직업

증강현실 전문가와 관련된 직업으로는 증강현실 엔지니어, 웹 및 멀티미디어 디자이너, 게임 테크니컬 아티스트 등이 있다.

○ 증강현실 엔지니어

프로그래머로서 증강현실 시스템에 적용할 알고리즘을 개발하고 응용하는 일을 한다. 또한 다양한 영상 처리 기술을 활용하여 구현될 객체를 안정적이고 정확하게 표현할 수 있도록 시스템을 개발한다.

증강현실 엔지니어는 프로그래머이기 때문에 많은 시간을 사무 공간 내에서 컴퓨터를 다루는 데 보낸다. 일에 집중하다 보면 건강을 해칠 수 있으므로 규칙적인 생활 및 운동 등 기본적인 자기 관리에 신경을 써야 한다.

○ 게임 테크니컬 아티스트

게임 테크니컬 아티스트는 아트와 테크, 둘을 이어주는 역할을 한다. 게임 테크니컬 아티스트의 가장 중요한 목표는 게임 엔진의 한계 내에서 아트의 품질을 최대한 끌어올리는 것이다. 가끔 그래픽 디자인과 개발에 참여하기도 한다. 게임 개발과 그래픽 전체를 아우르고 전체 게임 제작 일정을 정하는 매니저 역할도 담당한다.

증강현실 전문가

증강현실 전문가가 되려면 기본적으로 수학적인 지식과 마인드를 갖고 있어야 하고, 컴퓨터 프로그래밍 기술을 갖춰야 한다. 대학이나 대학원에서 컴퓨터 공학, 컴퓨터소프트웨어 공학, 정보처리학, 전자 공학 등을 전공하면 C, C++, MFC 등의 프로그램 언어와 프로그래밍 기술을 배울 수 있다.

증강현실 기술에서 중요한 역할을 하는 영상 처리(이미지 프로세싱) 기술은 높은 수준의 전문 지식이 필요하기 때문에 관련 분야를 전공하는 것이 좋다. 특히 영상 처리 관련 대학원에서는 디지털 이미지, 게임 공학, 컴퓨터 그래픽, 가상현실, 예술공학 등에 대한 이론과 실기, 응용 등의 학문을 배우기 때문에 대학원 진학도 많은 도움이 된다.

졸업 후에는 현재 증강현실 기술 분야가 모바일 콘텐츠 개발에 초점이 맞춰져 있기 때문에 모바일에 적용할 증강현실 시스템이나 애플리케이션을 개발하는 업체로 주로 진출하고, 방송국 등 증강현실 기술을 적용하고 있는 영상 처리 관련 업체로의 진출도 가능성이 있다. 뿐만 아니라 영상 처리 관련 장비와 처리 기술의 향상으로 항공, 지질, 해양, 국방, 의료, 토목, 환경, 기상 등 다양한 분야로의 진출 가능성도 열려 있다.

취업은 주로 공개 채용이나 특별 채용을 통해 이루어지며, 일부 연구소의 경우에는 석사 이상의 학력을 요구하기도 한다. 증강현실 전문가는 자신의 능력만 있으면 회사에 소속되지 않고 프리랜서로도 활동할 수 있다.

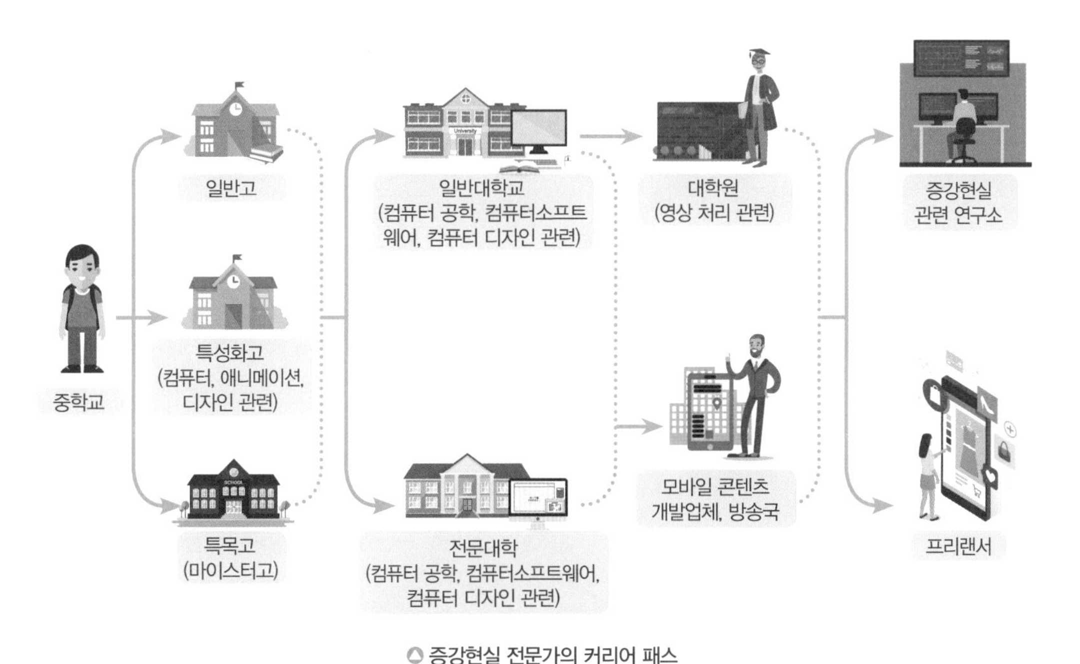

△ 증강현실 전문가의 커리어 패스

컴퓨터 소프트웨어학과

컴퓨터를 비롯한 다양한 디지털 기기에 대한 하드웨어 및 소프트웨어 개발을 위한 기초 및 응용 이론과 기술에 관해 배운다.
컴퓨터 분야와 소프트웨어 분야를 모두 아우르는 실무 능력, 전문 지식, 창의적 문제 해결 능력을 종합적으로 갖춘 전문 인재 양성을 목표로 하고 있다.

컴퓨터 프로그래머, 시스템 분석가, 시스템 설계사, 정보검색원, CAD 전문가, 컴퓨터 디자이너, 컴퓨터 에디터, 증강현실 전문가, 게임 전문가, 전산망 설계자, 데이터베이스 전문가, 마이크로프로세서 응용 개발 전문가, 웹 디자이너, 로봇 응용 개발자, 빅데이터 전문가 등

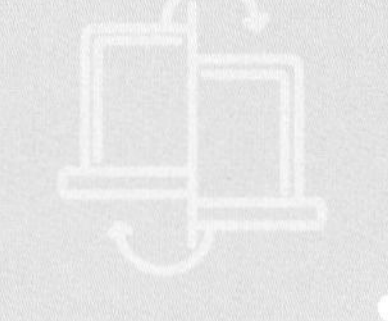

적성 및 흥미

평소 컴퓨터 활용이나 컴퓨터 프로그래밍, 소프트웨어, IT 기기 등에 흥미가 있다면 이 학과에 관심을 가져 볼 만하다. 특히 컴퓨터 소프트웨어나 프로그램 활용 능력이 뛰어난 학생은 컴퓨터소프트웨어학과 공부에 많은 도움이 된다.
논리적인 사고력과 과학적인 응용력 및 정확한 판단력, 기계나 사물의 원리에 대한 호기심과 탐구심도 요구된다.

게임모바일콘텐츠학과, 임베디드소프트웨어학과, 게임공학과, 컴퓨터 소프트웨어공학과, 인터넷 소프트웨어학과, 게임 에니메이션학과 등

중·고등학교
학교생활 포트폴리오

★동아리 활동★

프로그래밍 · 코딩 관련 동아리나 과학 및 로봇 등과 관련된 동아리 활동을 통해 전공과 관련한 많은 경험을 쌓는 것이 중요하다.

★봉사 활동★

지속적인 봉사 활동을 권장하고, 경로당이나 보육원 등에서 컴퓨터를 가르치는 봉사 활동도 많은 도움이 된다.

★독서 활동★

코딩 및 프로그래밍, IT 관련 전공과 관련한 폭넓은 독서 활동 및 최신 IT 관련 잡지를 구독하는 것을 권장한다.

★교과 공부★

정보, 과학, 수학, 기술 · 가정 등 이공계 관련 교과 실력 향상에 힘쓰고, 관련 분야 학업 역량을 발휘하는 데 노력한다.

★교외 활동★

컴퓨터 프로그래밍 및 코딩을 배울 수 있는 학원 수강, 컴퓨터 관련 IT 전시회, 소프트웨어 관련 업체 탐방 체험 프로그램에 적극 참여한다.

※ 정보, 수학, 과학 관련 교과 수상 경력이나 외부에서 주관하는 각종 정보 및 컴퓨터 관련 경진 대회 경력도 도움이 된다.

자격 및 면허

★국가 자격★

정보처리기사, 정보처리산업기사, 정보기술산업기사, 인터넷보안전문가, IPCT, SPCT, 컴퓨터그래픽스운용기능사, 정보검색사, 정보기기운용기능사, PC정비사, 네트워크관리사, 정보보안관제사 등

★해외 자격★

MCSE, LPIC, OCP, OCJP SCNA, SCJP, CCNA, CISA, CISSP 등

진출 분야

★기업체★

IT 관련 대기업, 중소 및 중견 벤처기업, 정보기술 전문업체 등에 기술 개발 및 관리직, 금융업계, 연구기관, 공공기관(법원 등), 의료기관 등

★정부기관 및 연구소★

전자정보통신 관련 공무원, 국영 기업체, 한국전자통신연구원, 정보통신정책연구원, 한국방송통신전파진흥원, 정보통신산업진흥원 등

INVESTIGATIVE • 탐구형 I

16 천문학자

1. 천문학자의 세계

밤하늘에 반짝이는 별들은 신비로움과 아름다움을 간직한 존재로 우리에게 다가온다. 천문학은 우주, 은하, 별, 행성과 같은 지구를 둘러싼 광범위한 환경에 대한 학문으로 세상에서 가장 오래된 학문임과 동시에 가장 최신의 학문이며, 가장 순수한 기초 학문이기도 하다.

인류 역사에서 처음으로 하늘을 관찰하고 그 내용을 기록한 민족은 BC 3,000년경 이라크 근처에서 살았던 수메르인과 바빌로니아인이었다. 특히 수메르인들은 작은 점토판에 쐐기 모양의 설형 문자를 새겨 남겼는데, 이는 천문학에 관한 가장 오래된 자료로 인정된다.

천문학 연구는 별을 관측하는 데서 출발한다. 그러나 단순히 우주 망원경과 우주 탐사선이 보내주는 별들의 정보를 살펴보거나 천체망원경으로 별자리를 탐색하는 것만이 천문학은 아니다. 우주를 구성하는 아주 작은 입자부터 매우 큰 물질인 은하까지, 그 속에서 일어나는 다양한 현상을 관측하고 자연법칙이나 우주의 구조와 진화의 과정을 찾아내어 그 기원을 밝혀내는 것이 천문학이다. 따라서 천문학자는 우주를 구성하는 태양계, 항성, 성운, 성단 그리고 우리 은하와 외부 은하에서 일어나는 현상들을 관측하고 지구와 태양계의 운동, 별의 일생, 은하의 구조와 특성, 우주의 생성과 진화를 수학과 물리학 지식을 바탕으로 연구한다. 자연과 지구, 그리고 우주와 우주를 구성하는 모든 것들을 연구하고 행성, 항성, 은하 등 천체 및 천문현상들을 연구하기 위해 각종 관측 장비를 이용하여 관측된 데이터를 분석하고 통계를 내는 작업을 한다.

그것이 알고 싶다 허블 우주 망원경이란 무엇일까?

최근 천문학은 지상을 벗어나 우주에도 망원경을 쏘아 올려 보다 정밀하게 우주를 관측하는 추세이다. 허블 우주 망원경은 미국항공우주국(NASA)에서 쏘아 올려 지구 대기권 밖에서 지구 궤도를 돌고 있는 천문 관측용 망원경이다. 미국 천문학자 에드윈 허블(Edwin Hubble)의 이름을 딴 이 망원경은, 지구 대기권 밖에서 가동되는 우주 망원경들 중 가장 크고 유명한 망원경이다.

2. 천문학자가 하는 일

천문학자라고 하면 흔히 천문대에서 우주를 관측하고 있는 모습을 상상할 것이다. 그러나 실제로는 1년에 1~2주 정도만 천문대에서 직접 관측 활동을 하고 나머지 시간들은 관측을 통해 얻은 자료를 가지고 연구 활동을 수행한다. 또는 관측 활동은 전혀 하지 않고 순수한 이론이나 실험 데이터를 활용해 현상을 풀어내거나 예측하는 일을 하는 경우도 있다.

우주를 구성하는 천체를 관측하고 천체 현상에 물리학적 지식을 적용하여 해석하며, 나아가 우주를 구성하고 있는 천체들이 생성하고 소멸하는 원리를 밝히는 연구를 한다.

허블 망원경, 전파 망원경, 광학 망원경 등의 기구를 사용하여 천체 현상을 관찰하거나 인공위성 등을 통해 수집된 관측 자료를 분석하여 이론을 개발한다.

천체 현상에 대한 관찰 및 연구 결과를 기초 과학이나 항해 등의 실제적 문제에 적용한다.

기본적인 물리 법칙을 적용하여 행성, 항성, 성운 및 은하계의 크기, 형태, 광도, 성분, 구조, 온도, 운동 등과 같은 특성을 측정한다.

천체 관측시설의 운영을 관리하며, 천체 관측과 관련된 시스템 및 관련 장비 등을 연구 · 설계한다.

천문학자

광학 망원경, 전파 망원경 등 천문 관측 기기를 개발하고, 우주 전파 관측망과 같은 전체 시스템을 구축한다.

GPS를 이용하여 지구자전, 지각 운동, 대류층 및 이온층 등에 관한 연구를 수행한다.

달력 발간을 위한 월력요항*을 발표하고, 일월 출몰 시각, 각 행성의 위치 및 출몰 시각, 음양력 대조표 등을 수록한 역서를 발간한다.

*음력 날짜, 24절기, 관공서의 공휴일과 같은 달력 제작에 반드시 필요한 요소들이 요약된 자료

우리나라 고대 천문 유물의 복원, 고대 천문 관련 기록에 관한 연구를 수행한다.

역사적으로 천문학자는 우주에서 일어나는 현상을 연구하거나 법칙을 찾아내는 일을 해온 반면에, 천체물리학자는 물리 법칙을 이용해 이러한 현상들을 설명하고 이해하는 일에 중점을 두었다. 그렇지만 오늘날에 와서는 천문학자와 천체물리학자 사이의 업무적인 경계는 사라진 것으로 본다.

그것이 알고 싶다 천체물리학자에 대해 자세히 알아볼까?

천체물리학은 별과 항성계의 물리적인 상태와 진화를 연구하는 천문학의 한 분야를 말한다. 천체물리학자는 우주를 구성하는 천체를 관측하고, 관측된 자료를 이용해 천체 현상을 해석한다. 또한 관측 자료를 통해 우주의 진화와 구조 그리고 크기 등 천체 현상과 우주 원리에 대해 연구한다.

항성계: 두 개 이상의 항성(수많은 별들의 모임)이 중력으로 속박되어 질량을 중심으로 공전하는 항성들을 말함

천체물리학자가 되기 위해서는 기본적으로 수학, 물리학, 지구과학 등의 기초 과학 과목에 적성과 흥미가 있어야 한다. 천문우주과학은 평소에 별의 원리와 성질에 관심이 많은 사람에게 적합하고, 별을 세심하게 관찰할 수 있는 꼼꼼한 성격도 필요하다. 천문 계산을 위해 컴퓨터를 많이 사용하므로 소프트웨어 사용법, 수치 계산, 수치 적분, 프로그래밍 등의 능력도 필요하다.

천체물리학자가 되려면 대학에서 천문학, 우주과학, 천체물리학, 천문우주학 등 천문 관련 학문 혹은 지구과학, 물리학 등을 전공한 후 대학원에 진학해 박사 과정을 마쳐야 한다. 천체물리학자가 되면 천문학 연구소의 연구원이 되거나 대학에서 연구 및 강의를 할 수 있다.

3. 천문학자에게 필요한 능력

천문학자는 천문학 분야에 관심이 있고 과학적 상상력을 갖춘 사람이라면 도전해 볼 만한 직업이다. 천문학자가 되려면 천체 관측을 위해 오지에 있는 천문대를 찾는 의지가 있어야 하고, 천체를 관측하기 위한 장비를 원활하게 이용하기 위해서는 전자회로도를 이해해야 하며, 더 나은 관측을 위한 기계의 설계까지 할 수 있어야 한다.

관측 자료를 해석할 수 있는 물리학과 수학의 기초 지식은 필수며, 컴퓨터로 관측 자료를 처리하고 수치 모형을 만들기 위해서는 컴퓨터 프로그래밍 언어도 알아야 한다. 더구나 미지의 세계 탐험을 통해 새로운 현상을 관측하였을 때 이를 판단할 수 있는 직관력도 갖추어야 하며, 지구와 우주의 기원을 고찰하기 위한 철학적 사고 능력도 요구된다.

새로운 것에 도전하고자 하는 도전 정신과 호기심, 창의성, 관찰력이 필요하다. 다양한 별자리들이 어디에 위치하는지 정확하게 파악하기 위해서는 공간 지각 능력과 컴퓨터 운용 능력도 요구된다. 문제 해결을 위한 논리적 사고력과 오랜 시간 동안 실내 및 현장에서 진행되는 연구 활동이 많기 때문에 연구 과제를 끝까지 연구할 수 있는 계획성, 인내심, 꼼꼼함, 세밀함, 성실한 마음가짐도 필요하다. 팀을 구성하여 연구하는 경우도 많으므로 원만한 대인 관계 능력을 갖추는 것도 중요하다.

4. 천문학자와 관련된 학과 및 자격증

- **관련 학과**: 천문학과, 천문대기과학과, 천문우주과학과, 천문우주학과, 물리천문학과 등
- **관련 자격**: 기상기사, 대기환경기사, 전파전자통신기사 등

물리천문학과에 대해 알아볼까?

물리학과 천문학은 자연 과학에 있어서 가장 근본이 되는 학문 분야로 과학기술의 발전과 우주 탐사 시대에 아주 중요한 분야다.

물리천문학과는 우주와 물질의 기원을 이해하는 것을 목표로 물리학과 천문학의 기본 원리를 탐구하는 창의적인 인재를 양성하여 최첨단 과학기술과 우주시대를 선도하는 데 목표를 둔다. 특히 다양한 물체의 물리적 성질의 이해, 자연에서 가장 근본이 되는 소립자들의 상호 작용, 레이저를 비롯한 빛의 성질, 항성과 은하의 형성과 진화, 우주의 탄생과 거대 우주 구조 등 인류가 지적 활동을 시작한 이후부터 갖게 된 의문 가운데 가장 심오한 문제들을 다룬다.

5. 천문학자의 직업 전망

20세기 들어 우주 시대가 열리면서 전 세계적으로 우주 개발에 대한 관심이 증가하였고, 그에 맞춰 빠른 속도로 천문학 분야의 발전이 진행되었다. 우주 개발 기술의 수준이 국가 경쟁력에도 커다란 영향을 미치기 때문에 각 나라들은 앞 다투어 우주 과학 기술 개발에 많은 노력을 기울이고 있다. 이러한 상황은 천문학 분야의 발달과 함께 천문학자 일자리 전망에도 긍정적으로 작용할 것으로 예상된다. 우리나라에서도 막대한 예산을 들여 우주 개발을 정책적으로 추진하고 있기 때문에 향후 천문학자의 직업적 성장성은 밝다고 할 수 있다.

천문학자

천문학자가 되기 위해서는 대학교의 천문학과를 졸업하고 대학원에 진학해 천문학 관련 분야의 석사 또는 박사 학위를 취득하는 것이 유리하다. 졸업 후에는 공개 채용이나 특별 채용을 통해 천문대, 기상 관측소, 전자통신 연구소, 시스템 공학 연구소, 항공 우주 연구소 등에 취업할 수 있다.

천문학자가 되려면 석사 과정 중에 학교나 외부에서 주관하는 다양한 연구 프로젝트 활동에 참여하여 연구 경험을 쌓는 것이 필요하다. 특히 천문 관련 연구원이나 연구소에서 연구 보조원 · 인턴 연구원 등으로 근무한 경험이 있거나 일부 정부 출연 연구소에서 시행하는 현장 연수 프로그램에 참여하면 유리하다. 일부 연구기관에서는 박사 학위 소지자를 요구하기도 한다.

천문학자가 되면 정부기관, 정부 출연 연구소, 기업 부설 연구소, 관련 제품 제조업체 등 다양한 분야에서 연구원으로 근무하거나, 대학교수로서 교육과 연구를 병행하기도 한다. 정부 출연 연구소의 경우 연말에 필요 인원을 공개 채용하며, 국책 연구소의 경우에는 수시로 박사 학위 취득 후 연수자를 모집하기도 한다.

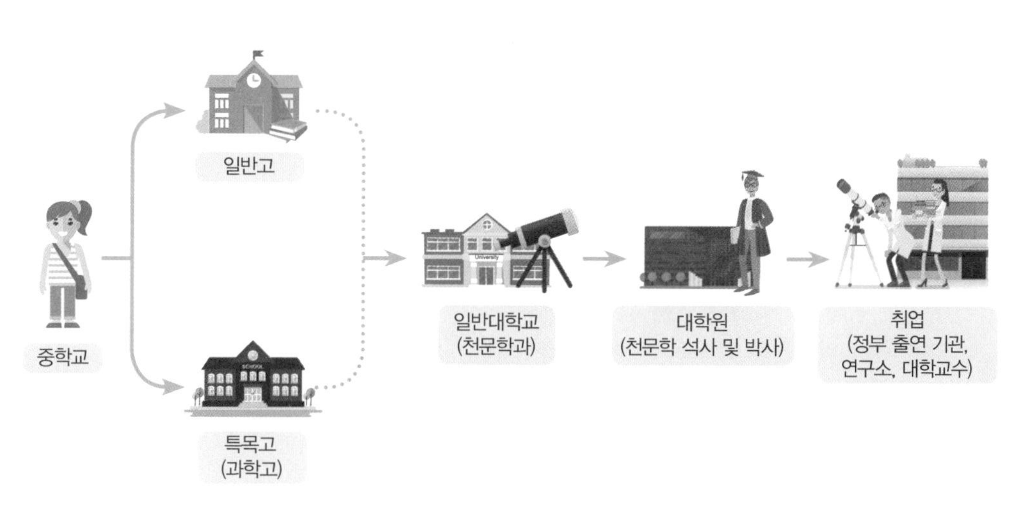

천문학자의 커리어 패스

천문학과는 우주, 은하, 별, 행성과 같은 지구를 둘러싼 광활한 환경에 대한 학문을 공부하는 학과다.
우주를 구성하는 태양계 · 항성 · 성운 · 성단 및 우리 은하와 외부 은하에서 일어나는 현상들을 관측하고, 지구와 태양계의 운동, 별의 일생, 은하의 구조와 특성, 우주의 생성과 진화에 대해 전문적으로 배운다.

천문학자, 천문학 연구원, 기후 변화 전문가, 온실가스 인증 심사원, 전자통신 연구원, 항공 우주 연구원, 환경 공학 기술자, 환경 컨설턴트 등

자연과 다양한 생명체 및 생명 현상에 대한 관심을 갖고 있어야 하고, 실험 및 연구를 좋아하며 논리적인 사고나 통찰력, 도전 정신, 분석력을 갖춘 학생에게 적합하다.
천문학과는 기본적으로 수학, 물리학, 지구과학 등의 기초 과학 과목을 잘해야 하고, 별을 세심하게 관찰할 수 있는 꼼꼼함도 필요하며, 천문 계산을 위해 컴퓨터를 많이 사용하므로 소프트웨어 사용법, 수치 계산, 수치 적분, 프로그래밍 등의 능력도 필요하다.

천문대기과학과, 천문우주과학과, 천문우주학과, 물리천문학과, 천문우주과학전공 등

기상기사, 대기환경기사,
소음진동환경기사,
수질환경기사,
전파전자통신기사 등

★기업체★

항공 우주 산업체, 민간 예보 관련 업체, 항공사, 환경 관련 업체, 언론사 등

★연구소★

천문 연구소, 기상 연구소, 해양 연구소, 한국항공우주연구원, 인공위성 관련 연구소, 국방과학연구소, 한국표준과학연구원, 전파 연구소 등

중·고등학교 학교생활 포트폴리오

★동아리 활동★

과학, 수학 관련 동아리에서 다양한 활동을 통해 자연 계열 분야의 기초 소양을 키운다.

★봉사 활동★

공공 기관이나 경로당, 보육원 등에서 지속적으로 봉사 활동을 한다.

★독서 활동★

과학, 생명, 우주 관련 독서 활동과 인문학 분야의 독서 활동을 통해 자연 계열의 기초 지식과 융합적 능력을 갖추도록 노력한다.

★교과 공부★

과학, 지구과학, 물리, 수학 등 교과 수업 활동에서 원리 탐구 능력을 키우고, 자연 현상에 대한 기본 역량이 발휘될 수 있도록 수업에 적극 참여한다.

★교외 활동★

과학관, 천체관, 천문대 등에서 진행하는 진로 체험 활동에 적극 참여하고, 대학의 관련 학과에서 진행하는 과학 탐구 능력을 증진을 위한 프로그램에 참여해 보기를 권장한다.

※ 과학, 지구과학, 화학, 물리, 수학 교과 수상 실적이나 과학 탐구대회 등 수상 실적이 도움이 된다.

17 항공우주 공학 기술자

1. 항공우주 공학 기술자의 세계

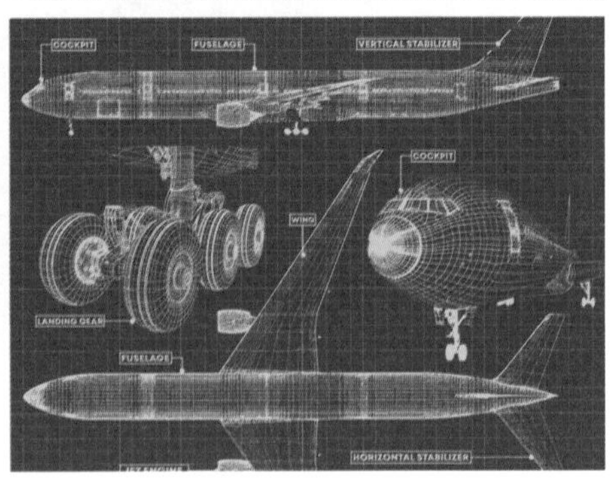

항공우주 공학은 항공기의 개발부터 제작, 운용 그리고 항공의학과 기상학까지도 포함할 정도로 학문의 범위가 매우 넓은 분야다. 항공우주 공학 초기에는 항공기만을 다루는 공학 분야를 의미하는 항공 공학이라는 용어를 사용하였으나, 기술의 발전으로 항공기의 비행 영역이 지구 대기권 밖으로까지 확장되면서 더 넓은 의미인 항공우주 공학이라는 용어가 널리 사용되기 시작하였다. 항공우주 공학은 초기에는 단순한 기계나 물리 분야에서 시작하였다. 그러나 항공기 · 헬리콥터 · 인공위성 · 우주선 등과 같은 비행체 개발 및 연구, 비행역학, 기체구조 등 관련 분야의 발전과 융합이 이루어지면서 하나의 독립된 학문과 산업으로 자리 잡게 되었다.

항공우주 공학은 대기의 압력과 온도의 변화, 각 비행체의 구성품에 작용하는 구조

하중 등의 다양한 환경 조건에 견디기 위한 공기역학, 항공전자 공학, 재료 공학, 추진 공학 등 여러 가지 기술들이 종합적으로 융합하여 하나의 학문을 완성해 내는 종합 학문이라 할 수 있다.

항공우주 공학 기술자는 공학적인 원리와 기술을 적용해서 항공우주 공간에서 날아다닐 수 있는 항공기, 우주선, 미사일, 인공위성 등의 본체나 시스템 및 전자설비들을 설계하고 새로운 항공 공학 기술을 개발하는 사람이다. 항공우주 분야는 정밀기계, 전자, 재료 공학 등 다양한 분야의 기술들을 모두 모은 종합 학문이기 때문에 한 나라의 과학 기술 수준을 평가하는 지표가 되고 있어 항공우주 공학 기술자들의 역할은 매우 크고 중요하다고 할 수 있다.

2. 항공우주 공학 기술자가 하는 일

항공우주 공학은 크게 항공 분야와 우주 분야로 나눌 수 있다. 항공 분야에서는 전투기 · 여객기 · 헬리콥터와 같이 대기권을 비행하는 시스템을 다루는 데 주력하고, 우주 분야에서는 위성 개발 프로젝트 등을 수행하거나 우주 관련 특정 분야의 기술을 연구한다.

항공우주 공학 기술자

비행기의 각종 착륙 장치, 구동 장치, 유압 장치, 조종 장치, 조종실의 배열, 탈출 장치 등을 설계하고 이들이 최적의 기능을 유지하도록 설계를 조정한다.

항공기에서 사용하는 통신, 레이더, 제어, 관측 등을 설계하거나 연구 · 개발한다.

우주 개발 프로젝트를 수행하거나 다목적 인공위성, 로켓 개발 등의 프로젝트에 참여하여, 기체나 시스템 및 각종 장비를 연구하고 설계한다.

실제 또는 가상의 비행 환경 하에 비행기에 가해지는 응력*이나 조작상의 특성을 평가하고 연구한다.

항공기의 기본적인 특성과 구조, 각종 장비 및 설비의 연구 · 개발에 관련된 자료를 검토 · 분석한다.

비행기, 전투기, 헬리콥터, 미사일, 로켓, 우주왕복선, 인공위성 등과 같은 비행체를 공학적인 원리와 기술을 적용하여 연구 · 개발한다.

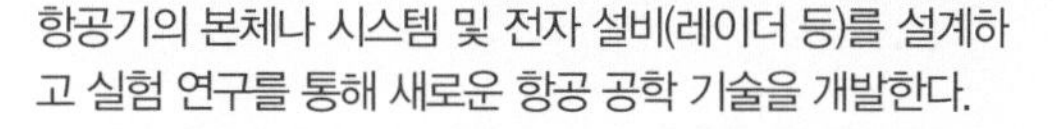

*바깥의 힘이 작용할 때 재료 내부에서 이에 저항하여 발생하는 힘

항공우주 공학 기술자는 항상 연구하고 기술을 개발하는 일에 종사하기 때문에 스트레스를 많이 받는 편이다. 연구와 개발을 하다 보면 밤늦게까지 일하는 경우도 있고, 작은 실수나 오차가 생기지 않기 위해 늘 세심하게 신경 써야 하므로 항상 집중과 긴장 상태를 유지하느라 육체적 스트레스도 있는 편이다.

3. 항공우주 공학 기술자에게 필요한 능력

비행체를 설계하고 제작하려면 공학의 기초인 수학에 대한 흥미와 지식이 필요하며, 물리와 화학 과목에도 관심을 많이 두고 잘해야 한다. 그리고 작은 물리 현상과 그 변화에 흥미와 관심을 갖고 이를 탐구하려는 진취적인 정신이 있어야 한다.

항공우주 공학 기술자는 대부분 연구 및 개발 업무를 담당하기 때문에 항공 공학에 대한 전문 지식이 요구된다. 특히, 우주 산업을 포함한 항공기에 사용되는 기술은 계속적으로 발전하는 분야이기 때문에 지식과 기술을 익히기 위해 꾸준히 노력하는 자세가 필요하다.

새로운 기술 습득을 위해 영어를 포함한 외국어 능력도 기본적으로 갖추어야 하고 탐구 정신, 호기심, 창의성과 문제 해결을 위한 논리적 사고력, 분석력, 정확한 판단력도 요구된다. 각종 프로젝트 진행 과정에서 다른 기술자나 전문가와 협력하여 일을 하는 경우가 많으므로 원만한 대인 관계 능력과 명확한 의사소통 능력도 갖추어야 한다.

학창시절부터 각종 전자기기, 자전거 등과 같은 작은 것에서부터 자동차, 항공기, 우주선 등 큰 것까지 관심을 두어 관찰력과 호기심을 갖고 탐구하려는 태도를 키워나가면 좋다.

4. 항공우주 공학 기술자와 관련된 학과 및 자격증

- **관련 학과**: 항공우주공학과, 기계공학과, 물리학과, 항공공학과, 전자공학과, 재료공학과, 금속공학과, 항공우주정보시스템공학과, 우주과학과, 항공시스템공학과, 항공기계과, 항공기계설계학과 등
- **관련 자격**: 항공기사, 항공기관기술사, 항공기체기술사, 항공정비기능장, 항공교통관제사, 일반기계기사, 항공기관사 등

5. 항공우주 공학 기술자의 직업 전망

항공우주 산업은 21세기 첨단 과학기술을 이끌어갈 대표적인 분야로 정밀기계, 전자, 재료 등 다양한 공학 분야의 관련 기술이 집약되어 있어 부가 가치가 높고 기술 파급 효과도 엄청나므로 한 국가의 과학 기술력과 국가 경쟁력이 함께 성장할 수 있는 힘을 가진 분야다.

우리나라는 1992년 최초의 인공위성인 '우리별 1호'를 우주 공간에 진입시켰고, 이후 몇 번의 시도 끝에 2013년에는 드디어 대한민국 최초 우주발사체인 '나로호' 발사를 성공시킴으로써 우주 개발 계획에 본격적으로 뛰어들기 시작했다.

우주발사체: 운반 로켓이라고도 하며, 위성과 같은 탑재물을 지구 표면으로부터 주궤도의 정해진 곳까지 위성을 실어 올리는 로켓

최근에는 항공우주 산업이 국가 전략 산업으로 지정되어 과감한 투자가 계속되고 있다. 우주발사체, 인공위성, 헬리콥터, 훈련기, 무인항공기, 유도무기 등 다양한 개발 프로젝트가 본격적으로 진행되고 있으며 다양한 신규 사업의 착수도 계속 이루어지고 있다. 이에 맞춰 새로운 항공우주 산업 분야의 기술 개발을 뒷받침할 연구자나 기술 인력의 수요는 계속 확대될 전망이나, 현재 이 분야의 전문 인력은 크게 부족한 상황이다. 항공우주 공학 분야는 국가 전략 사업이므로 경기 변동에 크게 영향을 받지 않는 미래 전망성이 뛰어난 직업이다.

항공우주 산업 기술이 미치는 파급 효과를 알아볼까?

산업 분야	기술 파급 분야	항공우주 산업으로부터 파급 기술
자동차	엔진 관련	Turbo Charger/Super Changer, 자동차 엔진용 오일 필터, 덕트호스, 라디에이터
	바퀴, 호스 등 (제동 기술 등)	디스크브레이크, ABS(Anti-rock Brake system), 브레이크 라이닝, 브레이크 파이프, 브레이크 관련 전자 장치, 전자 서스펜션(현가 장치), 경합금 호일, 고무 호스
	차량 동신 관련	내비게이션, digital meter
	재료/소재	정밀주조, 알루미늄 주조품, 알루미늄 단조품, 마그네슘
	기타	자동차용 검사기기
산업 차량	재료/소재	알루미늄 주조품, 알루미늄 단조품
철도	요소 기술	브레이크 장치(주로 디스크 브레이크), 베어링
	신간선 차량	차량, 전면 복층 유리용, 모노코크 방식
선박	추진기관	선박용 가스 터빈, 속도 조절기-엔진 부속품, 프로펠러
	기체 등	선박용 알루미늄 단조품
건설건축	새시	알루미늄 새시, 빌딩용 알루미늄 새시
전자공학	실드 빔 전구, 마이크로 파이프, 양면 프린트 기판	
소프트웨어	게임 소프트웨어, 패키지 소프트웨어, 데이터베이스	
의료	의료 측정기, 내시경, 인공 관절	

출처: 한국항공우주산업진흥협회, 항공우주 77호, 2002.

항공우주 공학 기술자와 관련 있는 직업

항공우주공학 기술자와 관련된 직업으로는 항공우주 엔지니어, 항공 안전 관리원, 인공위성 관제원, 인공위성 개발원, 기계공학 기술자 등이 있다.

우리나라 우주 개발 계획

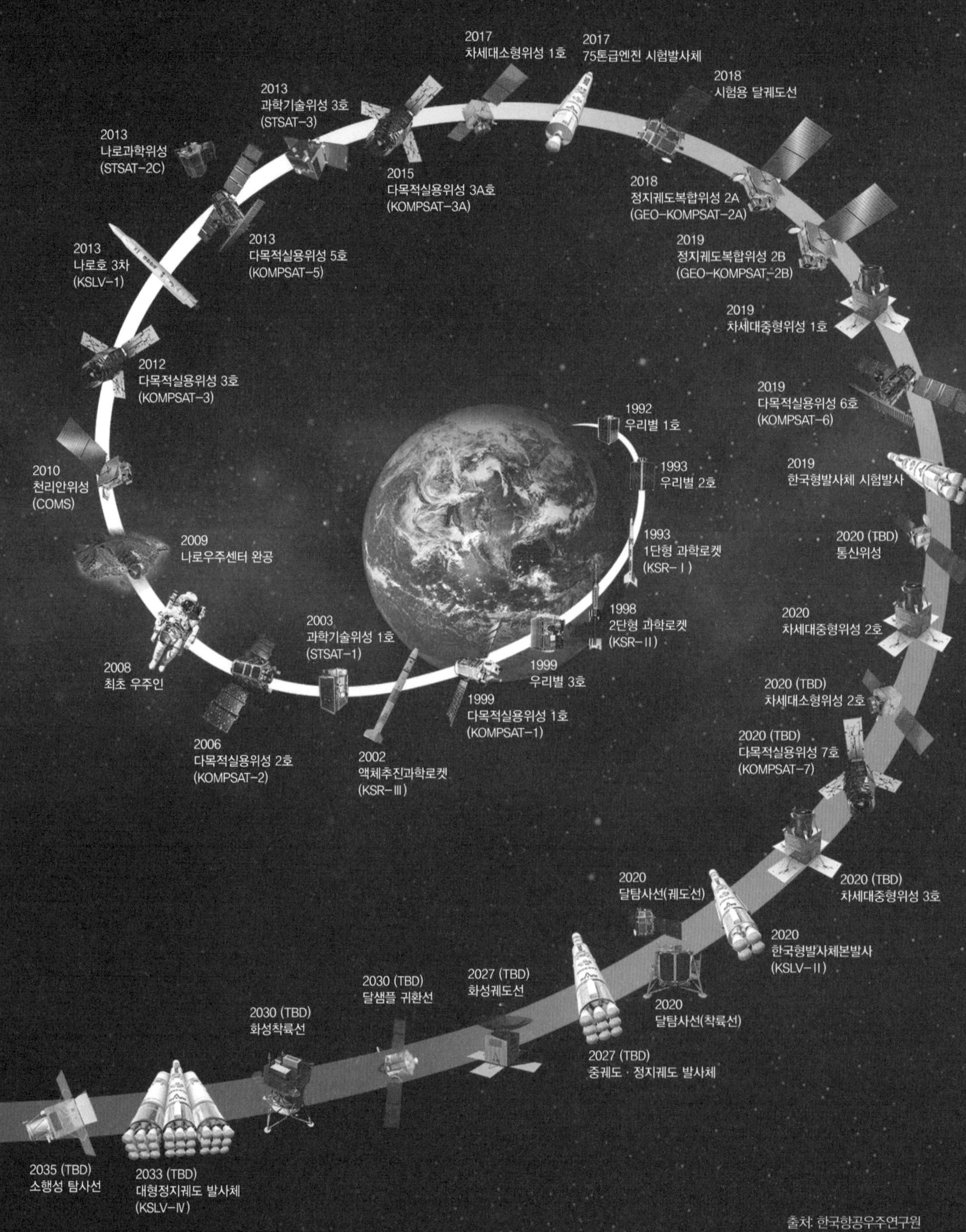
1992
우리별 1호
1993
우리별 2호
1993
1단형 과학로켓
(KSR-Ⅰ)
1998
2단형 과학로켓
(KSR-Ⅱ)
1999
우리별 3호
1999
다목적실용위성 1호
(KOMPSAT-1)
2002
액체추진과학로켓
(KSR-Ⅲ)
2003
과학기술위성 1호
(STSAT-1)
2006
다목적실용위성 2호
(KOMPSAT-2)
2008
최초 우주인
2009
나로우주센터 완공
2010
천리안위성
(COMS)
2012
다목적실용위성 3호
(KOMPSAT-3)
2013
나로호 3차
(KSLV-1)
2013
다목적실용위성 5호
(KOMPSAT-5)
2013
나로과학위성
(STSAT-2C)
2013
과학기술위성 3호
(STSAT-3)
2015
다목적실용위성 3A호
(KOMPSAT-3A)
2017
차세대소형위성 1호
2017
75톤급엔진 시험발사체
2018
시험용 달궤도선
2018
정지궤도복합위성 2A
(GEO-KOMPSAT-2A)
2019
정지궤도복합위성 2B
(GEO-KOMPSAT-2B)
2019
차세대중형위성 1호
2019
다목적실용위성 6호
(KOMPSAT-6)
2019
한국형발사체 시험발사
2020 (TBD)
통신위성
2020
차세대중형위성 2호
2020 (TBD)
차세대소형위성 2호
2020 (TBD)
다목적실용위성 7호
(KOMPSAT-7)
2020 (TBD)
차세대중형위성 3호
2020
달탐사선(궤도선)
2020
한국형발사체본발사
(KSLV-Ⅱ)
2020
달탐사선(착륙선)
2027 (TBD)
중궤도 · 정지궤도 발사체
2027 (TBD)
화성궤도선
2030 (TBD)
달샘플 귀환선
2030 (TBD)
화성착륙선
2033 (TBD)
대형정지궤도 발사체
(KSLV-Ⅳ)
2035 (TBD)
소행성 탐사선
출처: 한국항공우주연구원

항공우주 공학 기술자

항공우주 공학 기술자 대부분은 4년제 대학의 항공우주 공학 및 기계 공학, 전자 공학, 재료 공학, 화학 공학 분야의 전공자들이다. 이 분야는 연구 · 개발의 비중이 높아 석사 및 박사 학위를 가진 고급 인력들을 주로 채용한다. 특히 항공우주공학과에 진학하면 항공우주 공학 분야의 전문적 기술을 공부할 수 있고, 졸업 후 대학원에서 석사와 박사 과정을 통해 전문적인 공부를 더 하면 취업에 유리하다.

대학원에 진학하여 석사 학위를 취득한 후에는 회사나 국가 연구소의 연구직으로 취직하거나 국내 및 외국대학의 박사 과정에 들어가 박사 학위를 취득하고 대학이나 연구소에 진출한다. 공개 채용이나 특별 채용을 통해 국방과학연구소, 과학기술원, 한국항공우주연구원 등의 국립 연구소 및 대기업 연구소와 항공기 제조업체, 항공기 정비업체, 항공 운수업체 등의 민간 기업에 진출하며, 국가적 사업으로 추진 중에 있는 KFP(대한민국 공군이 추진했던 주력 전투기 도입 사업), KTX(한국 고속철도 사업)와 같은 항공기 개발 사업과 다목적 인공위성 사업에서 핵심적인 업무를 담당하기도 한다. 또는 국내외의 대학에서 교수로 일하거나 미국 NASA 등 외국의 주요 연구소에서도 다양한 활동을 할 수 있다. 이밖에도 시스템 통합이 요구되는 자동차, 중공업, 열, 유체 관련 산업체 및 정보 통신 분야 등으로의 진출도 점차 늘어나고 있는 추세이다.

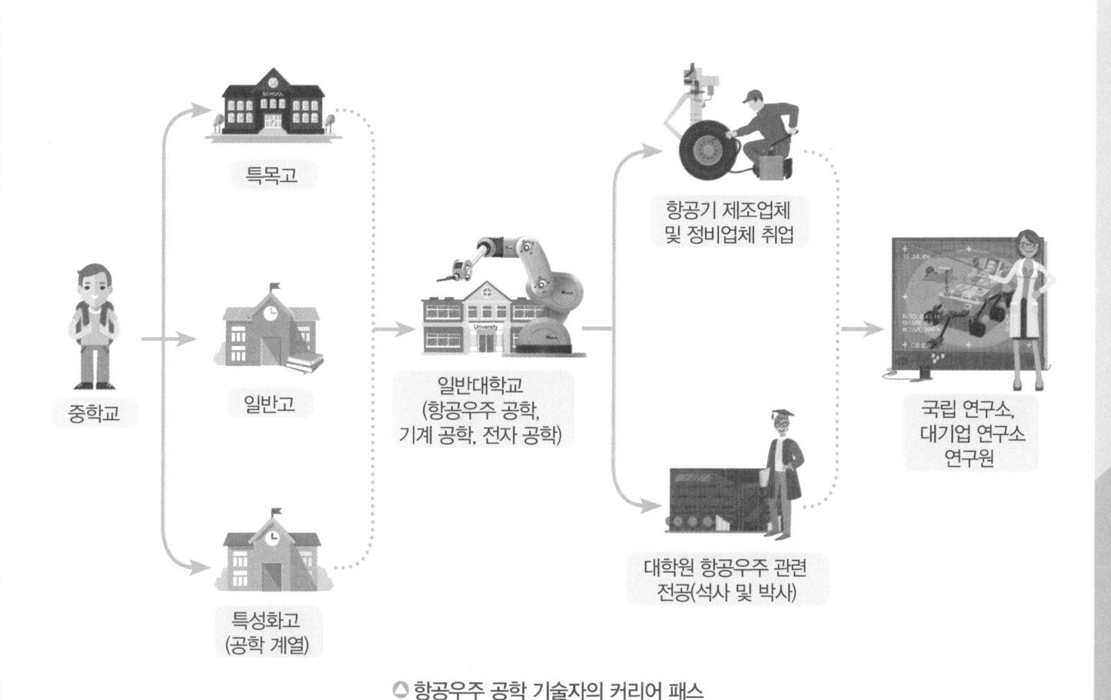

△ 항공우주 공학 기술자의 커리어 패스

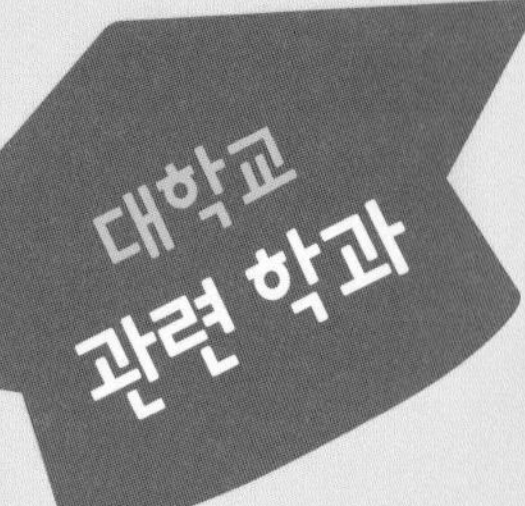

항공우주공학과

항공우주 산업의 고급 인력 양성을 목적으로 개설되어 항공 공학 및 우주 공학 등을 공부하는 학과이다.
종합적이고 창의적으로 항공우주 관련 공학 문제를 해결하고 국가적 항공 사업에서 핵심적인 역할을 하며 국가 발전에 기여할 수 있는 우수한 인재 양성에 교육 목표를 두고 있다.

인공위성 개발원, 항공 공학 기술자, 발사체 기술 연구원, 우주센터 발사지휘 통제원, 우주전파 예보관, 인공위성 분석원, 항공기 기계부품 검사원 등

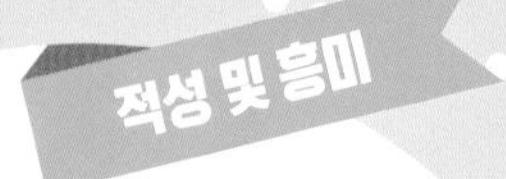

수학, 물리학 등 기초 공학 과목에 소질과 흥미가 있어야 한다. 항공우주 산업은 전 세계적으로 미국을 중심으로 발전하고 있기 때문에 영어 실력을 쌓는 것이 중요하다.
기계나 사물을 다루는 것을 좋아하고 진취적이고 새로운 것에 도전하는 열정이 있는 학생에게 적합하다. 상상력이 풍부하고, 물리학, 수학, 역학, 기계학 등의 과목을 잘하면 좋다.

항공기계학과, 항공전자시뮬레이션학과, 항공교통관리학과, 항공우주시스템공학과, 항공기시스템공학과, 항공우주정보시스템공학과 등

자격 및 면허

항공기사, 항공기관기술사,
항공기관정비기능사,
항공전자정비기능사,
항공장비정비기능사, 항공기체기술사,
기계기사1급, 공정설계기사1급,
항공기사1급, 항공정비사 등

진출 분야

★기업체★
민간 항공사, 항공기 제작 회사,
항공기 부품 회사, 항공우주 및 기계 관련
산업체 등

★정부 및 공공 기관★
한국기계연구원, 한국항공우주연구원,
국방과학연구소,
한국과학기술연구원

중·고등학교 학교생활 포트폴리오

★동아리 활동★

과학, 물리, 수학, 기술 관련 동아리에서 다양한 이공 계열 분야의 활동을 통해 기초 소양을 키울 것을 권장한다.

★봉사 활동★

경로당이나 보육원, 독거노인 등 우리 사회의 소외 계층을 대상으로 하는 지속적인 봉사 활동에 참여한다.

★독서 활동★

항공, 우주, 로켓과 관련된 교양서적들을 틈틈이 읽으면서 꿈을 키우도록 한다.

★교과 공부★

과학, 지구과학, 물리, 수학, 기술 · 가정 등 교과 수업 활동에서 원리 탐구 능력을 키우고 이공 계열 분야에 대한 기초 역량을 키우도록 한다.

★교외 활동★

항공우주 관련 기관에서 주관하는 항공스쿨 진로 체험 활동에 적극 참여한다. 대학의 관련 학과에서 진행하는 공학 캠프 프로그램 참여도 많은 도움이 된다.

※ 과학, 지구과학, 물리, 수학, 영어, 기술 · 가정 교과 수상 실적이나 과학 탐구대회 등 수상 실적이 도움이 된다.

18 해양 공학 기술자

1. 해양 공학 기술자의 세계

점점 심각해지고 있는 지구상의 식량 부족 문제와 화석 에너지 고갈 문제 등을 해결하려면 어떻게 해야 할까? 인류의 생활공간을 우주로 옮겨가는 방법도 있겠지만 비용이 너무 많이 들고 위험하며 실패할 확률도 매우 크다. 그래서 오늘날 세계 여러 나라들은 우주 개발보다 비용이 적게 들고 실패 확률도 우주보다도 낮은 편인 바다로 관심을 향하고 있다.

두바이의 인공섬 '팜 쥬메이라'

아랍에미리트연합은 두바이에 야자수 모양의 대형 인공섬을 성공적으로 건설하였고, 네덜란드도 국토 면적의 협소함을 해결하고 파도로 인한 내륙 침수를 막기 위해 해안에 튤립 모양의 거대한 인공섬을 만드는 등 바다를 적극적으로 활용하기 위한 노력을 기울이고 있다. 이런 시도는 인류의 활동 공간이 바다로 인해 더욱 확장될 것임을 시사하고 있다.

어느 나라의 주권에도 속하지 않으며, 모든 나라가 공통으로 사용할 수 있는 바다

또한 바다는 자원의 보고로 공해상의 깊은 바다 속에는 석유나 천연가스를 비롯한 수많은 천연 자원이 매장되어 있고, 수산물을 비롯한 어족자원도 풍부하다.

바다 속에서 우리에게 필요한 자원들을 발견하고, 그 자원들을 활용하는 다양한 방법 등을 연구하는 사람을 해양 공학 기술자라 한다. 특히 우리나라는 삼면이 바다로 둘러싸여 있어 외국과의 무역 거래가 주로 선박을 통해 이뤄지고 있으며 수산물이 식생활에서 차지하는 비중도 크므로 해양 공학 기술자의 역할이 더 크다고 할 수 있다.

2. 해양 공학 기술자가 하는 일

해양 공학 기술은 해양 과학 기술 분야와 해양 정책 분야로 구분된다. 해양 과학 기술 분야는 해양 물리 · 해양 화학 · 해양 생물 · 해양 지질 · 해양 자원 개발 분야로 나누어 일을 하고, 해양 정책 분야는 국제 물류 · 해사 정책 · 환경 보전 · 항만 개발 등 주로 해양 정책과 관련된 일을 담당한다.

항만을 합리적으로 개발하기 위해 필요한 자료를 조사하고 분석하며, 해양 환경 상태를 관측하고 평가 · 계획한다.

흙의 성질과 압력 및 밀도 · 침하 · 활동 현상을 분석하고, 해안을 보호하기 위한 시설물 등의 해양 구조물 설치를 위한 설계와 도면 작성을 하며, 공사에 따른 오염물의 확산과 해안 건설 공사가 생태계에 미치는 영향을 분석한다.

해양과 관련한 각종 정책 연구를 수행하고, 개발한 기술 성과를 널리 보급한다.

적조의 원인과 확산 경로 연구, 연안에서의 해류 이동 및 에너지 연구 등을 통해 효과적인 방제 기술을 개발하고 조기 탐지 기술을 연구한다.

해양 공학 기술자

해수의 특성과 해양 생물 분포를 조사하여 해양 환경 지도를 제작하고, 해역에 해상의 기상 상황을 관측하는 장비를 인공위성으로 관찰해 해류도를 만든다.

해양 생물, 해양 지질, 해양 화학, 해양 물리, 해양 자원 및 해양 공학 등의 전문적인 지식을 이용하여 해양 환경 현황을 조사 · 관측 · 평가한다.

해양 보호 지역 관리, 연안 및 도서의 이용과 개발, 선박의 안전 운항 및 선원 관리, 해양 관련 국제법 해석, 해난 피해 보상 등에 관련된 연구를 수행한다.

해양 공학 기술자의 업무는 대부분 연구실과 실험실 등에서 이루어지나, 연구 · 조사를 위해 장기간 배를 타고 업무를 수행해야 할 때도 있다. 업무 내용에 따라 첨단 장비나 실험 도구를 많이 사용하며, 각종 프로젝트 마감일을 맞추거나 문제 해결을 위해 초과 근무를 하기도 한다.

3. 해양 공학 기술자에게 필요한 능력

해양 공학 기술자는 우선 바다에 관심과 애정이 많아야 한다. 그래야 힘들거나 어려움이 있더라도 견디며 즐겁게 일을 할 수 있다. 해양 환경에서 일하려면 강인한 체력과 인내심, 분석적 사고, 혁신적 활동, 독립성, 리더십, 강한 책임감이 필요하다. 해양에서의 시공 현장은 평소에 예측할 수 없는 불가피한 상황이 발생할 가능성이 높기 때문에 문제 해결 능력과 창의력도 필요하다.

생물 자원, 해저 광물 자원, 해수의 화학적 · 물리적 성질에 대한 분석이 기초적으로 이루어지므로 지리, 물리, 생물, 수학, 공학과 기술, 통계 등에 대한 기초적인 소양이 풍부해야 하고, 이를 응용할 수 있는 지적 능력이 요구된다. 특히 해양 과학 탐구에 깊은

관심이 있어야 하고 바다 및 지질의 성질과 해수에 대한 이해, 바다 속에 있는 광물 등에 대한 지식, 환경 문제에 대해 고민하고 해결책을 내놓을 수 있는 전문 지식도 필수다. 또한 주의 깊은 관찰력과 시시각각 변화하는 바다에 대응할 수 있는 판단력과 대처 능력이 있어야 한다.

해양 관련 전문 지식을 이용한 다양한 직무 활동은 직업 흥미 유형 중 실재형과 탐구형의 흥미를 가진 사람들에게 유리하다.

4. 해양 공학 기술자와 관련된 학과 및 자격증

- **관련 학과**: 지구해양과학과 ,해양공학과, 조선해양공학과, 해양학과, 해양시스템학과, 해양자원학과, 환경탐사공학과, 선박해양공학과, 해양토목학과, 해양산업공학과, 해양환경학과, 산업정보공학과, 안전공학과 등
- **관련 자격**: 해양환경기사, 해양기술사, 해양자원개발기사, 해양공학기사, 해양조사산업기사 등

5. 해양 공학 기술자의 직업 전망

바다에서의 대체 에너지 자원의 개발, 해양 공간 이용, 바다 연안의 개발과 환경 보전, 해양 신도시 건설 등에 대한 국가적 관심이 높고 해양 분야의 산업이 국가 전략 사업으로 선정되어 집중적인 지원이 이루어지고 있기 때문에 해양 공학 기술자의 수요는 증가할 것으로 기대된다. 또한 자연재해 등으로 인한 해안 안전 시설물이나 방파제 등 해양 구조물에 대한 중요성이 커지면서 해양 공학 기술자의 필요성이 더욱 증가하고 있다.

국가 간에 해상을 이용하여 이동하는 물자의 양이 증가하면서 바다 위에서의 사고가 대형화되고 횟수도 늘어나고 있으므로 사고 예방을 위한 선박 운항 시스템, 해운 항만 시스템 및 선박 통신 시스템 등 관련된 정보 시스템 구축 분야도 커질 것으로 예상된다. 뿐만 아니라 관광이나 레저 생활을 위한 대규모 해양 개발도 늘어나면서 해양 환경 영향 평가 관련 전문 인력도 늘어날 것으로 전망된다.

해양 공학 기술자라는 직업은 다른 직업에 비해 임금이 높은 편이고, 고용 안정과 발전 가능성도 높은 수준으로 평가받고 있다.

해양 공학 기술자와 관련된 직업으로는 해양 수산 기술자, 조선 공학 기술자, 해양 연구원, 해양 과학 연구원, 해양 지질 연구원, 해양 물리 연구원, 해양 생물 연구원, 해양 화학 연구원, 해양 플랜트 기본 설계사, 인공 어초 연구 개발자 등이 있다.

해양 과학 연구원

다양한 자연 과학 지식을 바다에 적용해 바다에서 일어나는 여러 가지 현상을 조사, 연구한다. 대학교에서 물리학 · 화학 · 생물학 · 지질학 · 해양학 등의 자연 과학을 공부하고, 대학원 석사 과정에서 좀 더 세분화된 해양학을 공부하는 경우가 많다. 전공 분야로는 물리 해양학, 화학 해양학, 생물 해양학, 지질 해양학 등이 있고 연구원으로 일하려면 박사 학위를 받는 것이 일반적이다.

해양 지질 연구원

대륙붕과 대륙사면 및 심해저를 연구하고, 해저 지형도를 작성해 지구의 기원을 밝히고자 노력한다. 해안에서부터 심해저에 이르기까지 바다의 바닥에 쌓여 있는 퇴적물이나 해저 기반암 등을 연구하기도 한다. 해저의 퇴적물 연구를 통해 해양의 지질학적 역사 및 지구 기후 변화의 역사를 파악한다.

해양 물리 연구원

바다의 온도, 밀도, 물결의 움직임 및 조류, 해류 등의 물리적 특성을 주로 연구한다. 수온, 염분 등과 같은 해수의 물리적인 특성은 해수의 운동과 밀접한 관계가 있기 때문에 해양 물리 연구원들은 현장에서 기본적으로 수온과 염분을 측정한다. 한편 대기와 해양의 상호 작용 등을 연구하거나 수치 모델을 이용하여 해양의 물리 환경 변화를 예측하는 일도 한다.

해양 생물 연구원

해양 생물을 연구하는 과학자이다. 바다에 살고 있는 생물을 연구하여 해양에서 일어나는 현상 및 과정을 밝힌다. 바다에 사는 미생물, 식물, 동물 간의 관계 또는 이들과 주변 환경과의 관계를 연구하여 바다에서 생물들이 살아가는 방법을 알아내기도 하는데, 이를 위해 생물들의 분포, 생활사, 생리 등을 연구하며 먹이망 내에서 생물 간의 영양 역학적인 관계를 조사하기도 한다.

해양 화학 연구원

바닷물을 구성하는 화학 성분을 분석하고 바다와 대기 그리고 심해저 사이의 상호 관계를 조사한다. 인간의 활동 때문에 생긴 해양 오염도 연구 분야다. 또한 각종 정밀 분석 장비를 이용해 해수 중에 들어 있는 방사성동위원소, 중금속 등 미량의 화학물질이나 영양염 등을 조사한다. 최근에는 지구 온난화에 따른 해수의 산성화 문제, 해수면을 통한 이산화탄소의 유출입 등이 떠오르는 연구 분야이다.

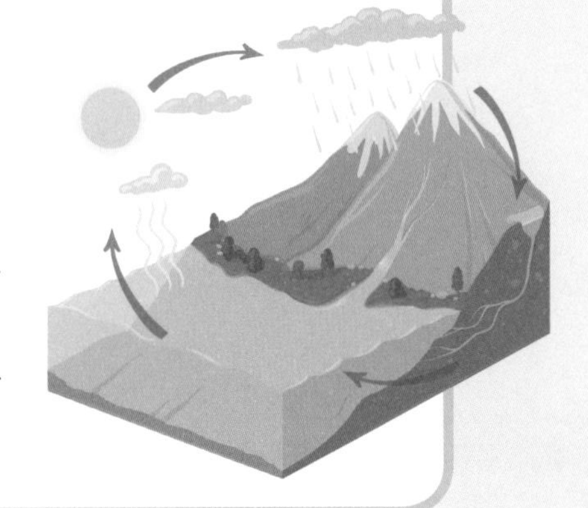

해양 공학 기술자

해양 공학 기술자가 되려면 전문대학 및 대학교에서 해양공학과, 조선해양공학과, 지구해양공학과, 선박해양공학과, 산업공학과, 산업시스템공학과, 산업정보공학과, 안전공학과 등을 졸업하는 것이 유리하다.

해양 공학 기술자는 보통 공개 채용으로 입사하거나 경력자인 경우는 수시 모집을 통해 입사하기도 한다. 해양 및 자원 개발업체, 해저 석유 개발업체, 해양 구조물 설계 및 제작 회사, 항만 장비 개발 회사 이외에 정부 출연 기관 및 연구기관인 한국해양과학기술연구원, 국립해양조사원, 국립수산과학원, 한국해양수산개발원, 국립수산물품질관리원 등으로 진출할 수 있다.

해양 공학 관련 정부 출연 기관이나 연구기관의 경우에는 해양 관련 전공의 석사 및 박사 학위가 필요하나, 산업체의 경우는 학위보다도 해양 관련 자격증 소지자를 우선 선발하는 편이다. 정부 해양 관련 부처 공무원 선발 시험에서는 관련 자격증 소지자에게 가산점을 주거나 자격증 소지자로 응시 자격 제한을 두는 경우도 있기 때문에 해양 관련 자격증을 취득하는 것이 좋다. 해양 공학 분야 전공자의 취업률은 다른 분야의 전공자들보다 상대적으로 높은 편에 속한다.

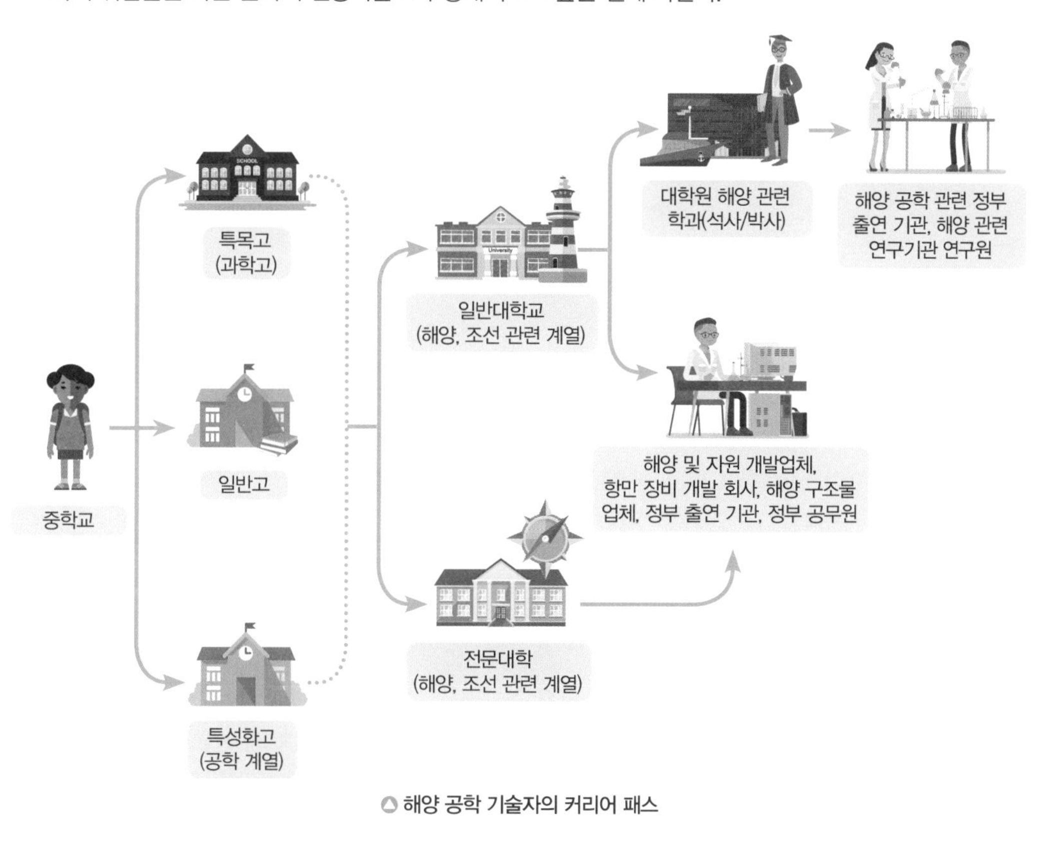

△ 해양 공학 기술자의 커리어 패스

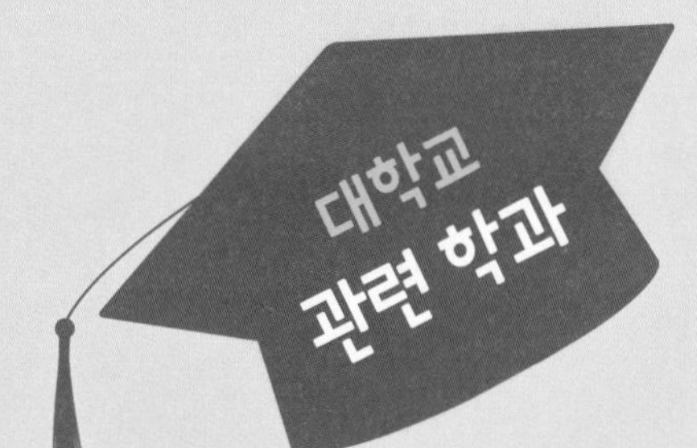

해양공학과

해양공학과는 해양의 개발과 이용에 관한 첨단 해양 과학 기술을 이끌어 갈 유능한 해양 공학 인재를 양성한다. 이를 위해 해양 공간 및 해양 에너지의 개발, 해양 구조물 건설, 해양 탐사, 정보 관리, 해양 환경의 보전과 관리 등 해양 분야의 종합적인 이용 및 개발과 관련한 내용을 전문적으로 배우는 학과이다.

무선 항해 통신 장비 설치원, 해양 경찰관, 도선사, 선박 교통 관제사, 선박운항 관리사, 수산학 연구원, 해양 공학 기술자, 해양 수산 기술자, 환경 및 해양 과학 연구원 등

평소에 기계나 컴퓨터 등의 분야에 흥미를 가지면 좋으며, 복잡한 구조물도 잘 이해할 수 있는 공간 지각 능력이 필요하다. 바다와 해양 환경에 대한 이해가 필요하며, 전공 지식뿐 아니라 인접 학문에 대한 이해도 필요하다.
수학, 물리학, 화학, 지구과학 등의 과목을 잘하면 도움이 되고, 바다는 물론 해양 구조물에 대해서도 관심과 흥미가 있어야 한다.

해양학과, 해양컴퓨터공학과, 선박해양공학과, 해양정보통신공학과, 해양토목공학과, 해양융합공학과, 해양산업공학과, 환경해양건설공학과, 해양바이오시스템공학과, 조선해양공학과, 수중기술학과, 조선해양플랜트공학과 등

해양공학기사, 해양자원개발기사,
해양환경기사, 해양생산관리기사,
조선기사, 전산응용조선제도기능사,
선체건조기능사,
동력기계정비기능사 등

★기업체★
조선소, 항만 장비 개발업체, 대형 조선 회사,
해양 건설 관련 업체, 항만 장비 개발업체, 건설
관련 업체 등

★연구소★
해양, 수산 관련 국가 연구소 및 민간 연구소, 해양 플랜트
사업 연구소 등

★정부 및 공공 기관★
해양수산부, 한국해양연구원, 국립수산과학원,
국립해양조사원, 해양 관련 공무원

중·고등학교 학교생활 포트폴리오

★동아리 활동★

과학, 물리, 수학 등 이공 계열 관련 동아리 활동을 통해 기초 공학적 소양을 키울 것을 권장한다.

★봉사 활동★

경로당이나 보육원, 독거노인 등 우리 사회의 소외계층을 대상으로 하는 봉사 활동에 꾸준히 참여한다.

★독서 활동★

해양, 선박, 과학 분야의 교양서적들을 틈틈이 읽으면서 관련 학과에서 요구하는 기초 소양을 키우도록 한다.

★교과 공부★

과학, 지구과학, 물리, 수학 등 교과 수업 활동에서 원리 탐구 능력을 키우고 이공 계열 분야에 대한 기초 역량을 기른다.

★교외 활동★

해양 및 수산 관련 기관에서 주관하는 진로 체험 프로그램에 적극 참여하고, 관련 학과에서 진행하는 학생 대상 캠프 프로그램 참여도 많은 도움이 된다.

※ 과학, 지구과학, 물리, 수학 교과 수상 실적이나 과학 탐구대회 등의 수상 실적이 도움이 된다.

19 화학 공학 기술자

1. 화학 공학 기술자의 세계

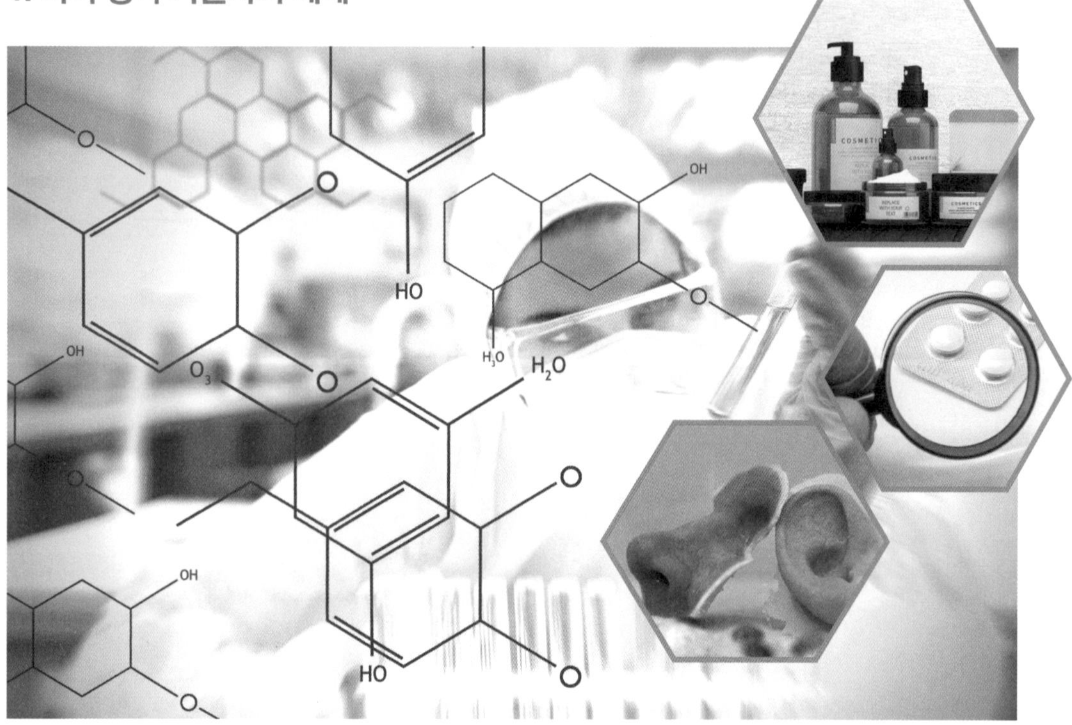

화학 공학은 일상생활에서 사용하고 있는 다양한 물질들을 제조 및 가공하여 가치가 높은 제품으로 만들어 냄으로써 인간 생활을 편리하게 해주는 학문 분야이다. 화학 공학의 범위는 우리 주변의 생활필수품부터 첨단 하이테크 소재에까지 이른다. 미래 핵심 기술 개발의 중요한 위치를 담당하고 있는 연료전지 · 태양 에너지 등 새로운 에너지 개발과 이용 기술, 인간의 건강한 생활을 유지해 주기 위한 기능성 식품, 신약 개발 · 인공장기 개발 등의 생명화학 공학 분야 등 광범위한 분야에 걸쳐 제품에 새로운 가치를 부여하고 새로운 공정을 개발한다.

화학 공학 기술자는 화학 공학 학문을 활용하여 우리 생활에 필요한 제품을 만드는 과정과 다른 분야의 기초 및 응용 연구를 담당하는 사람이다. 흔히 화학 공학 기술자를 유니버설 엔지니어라고 부르기도 하는데, 그 이유는 화학 공학 기술자의 연구 개발의 파급 효과가 대부분의 다른 공학 분야에도 널리 퍼지기 때문이다.

그것이 알고 싶다 화학과 화학 공학의 차이점은 무엇인가?

화학에서는 '물질 자체의' 화학 반응을 연구하는 반면에, 화학 공학에서는 이미 개발된 화학제품의 제조 공정을 보다 효과적 · 능률적 · 경제적으로 만들기 위한 화학적 공정의 계획 및 제조 장치의 설계 및 건설, 운전 등을 다룬다.

2. 화학 공학 기술자가 하는 일

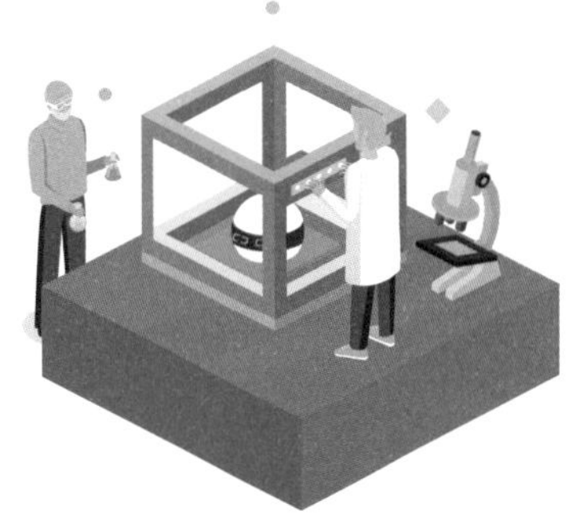

인류의 생존과 건강, 풍요로운 생활을 위해서는 다양한 물질과 새로운 에너지를 만들어 내는 것이 매우 중요하다. 화학 공학 기술자는 다양한 천연자원으로부터 일상생활에 필요한 화학제품들을 개발하기 위해 연구하고 관리하는 업무를 하고, 각종 화학 공정에 필요한 새로운 장비들을 설계하고 개발하는 일을 담당한다. 기업체에서 근무할 경우에는 파이프라인 · 증류탑 등의 대규모 시설 및 장치를 갖추고 있는 곳에서 시스템 제어 및 운용을 담당하고, 생산 공장 내 화학 공정의 한 부분에서 현장 근무를 한다.

화학 공학 기술자는 다루는 분야에 따라 유기화학 공학 기술자, 무기화학 공학 기술자, 분석 화학자, 고분자화학 공학 기술자, 물리화학 공학 기술자로 구분한다.

화학 공학 기술자

- 새로운 생산물을 개발하는 것을 목적으로 물질의 화학적 성질 · 조성 · 구조 및 변화 등에 대해 연구하며, 열이나 빛 · 에너지나 화학적 촉매 등을 이용하여 물질의 구성 변화에 대해서도 연구를 수행한다.
- 천연자원을 이용해 일상생활에 필요한 화장품, 비누, 섬유, 의약, 고무, 플라스틱 등 화학제품을 만드는 공정을 연구하거나, 화학제품 생산을 위한 설비 시스템에 관해 연구 · 설계 · 개발하는 일을 한다.
- 생산하려는 제품의 품질과 관련한 전반적인 프로그램을 운영하고, 원료와 제품 및 폐기물에 대한 기준을 마련한다.
- 농약 및 각종 비료 제품과 원료를 시험 · 분석하여 제품을 계량한다. 또한 새로운 품목을 개발하기 위하여 시험을 실시하며 공정을 개발한다.
- 각종 도료 제품의 원재료의 시험법을 연구하여 신제품을 개발하고, 제품을 생산하기 위한 관리 업무를 한다.
- 페인트, 도료, 플라스틱, 고무, 유리, 직물, 금속, 수지, 접착물, 가죽, 염료, 세제 또는 석유 등의 생산물에 관한 연구를 수행한다.

화학의 종류에 대해 알아볼까?

화학은 크게 물리화학, 유기화학, 무기화학, 분석화학, 생화학 5가지로 분류한다.

물리화학	물리 법칙을 가지고 화학적인 현상을 설명하는 학문
유기화학	탄화수소 기반 물질의 화학적인 현상에 대한 학문
무기화학	유기화학에서 다루지 않는 모든 물질에 대한 화학적인 현상에 대한 학문
분석화학	화학 분석 기법에 대한 학문
생화학	생명 현상을 화학적으로 접근한 학문

3. 화학 공학 기술자에게 필요한 능력

화학 공학 기술자가 되기 위해서는 수학 · 물리 · 화학과 같은 자연 과학에 흥미와 재능을 갖추고, 새로운 분야를 개척하기 위한 호기심과 탐구 정신, 공학적 개념과 원리를 이해하고 응용할 수 있는 지적 능력 등이 필요하다. 각종 연구 개발 활동에서 발생하는 문제들을 해결할 수 있는 논리적 사고력, 분석력, 수리력, 정확한 판단력도 요구된다.

업무 수행 과정에서 다른 분야의 공학 기술자들과 팀으로 작업을 수행하는 경우가 많으므로 원만한 대인 관계도 중요하다. 각종 실험기기와 장비들이 컴퓨터와 연결되어 실험 및 검사 · 분석이 이루어지므로 컴퓨터를 활용하는 능력도 필요하다. 또한 실험 실습 과정에서 약품, 가스 등의 유독물질을 다루게 되므로 세심한 주의력과 판단력도 요구된다. 실험실에서 오랜 시간 동안 실험과 분석 과정이 이루어지므로 체력과 끈기, 인내심도 있어야 하고, 실험 보고서와 논문을 작성할 수 있는 논리적인 언어 표현 능력과 문서 작성 능력을 갖추는 것이 좋다.

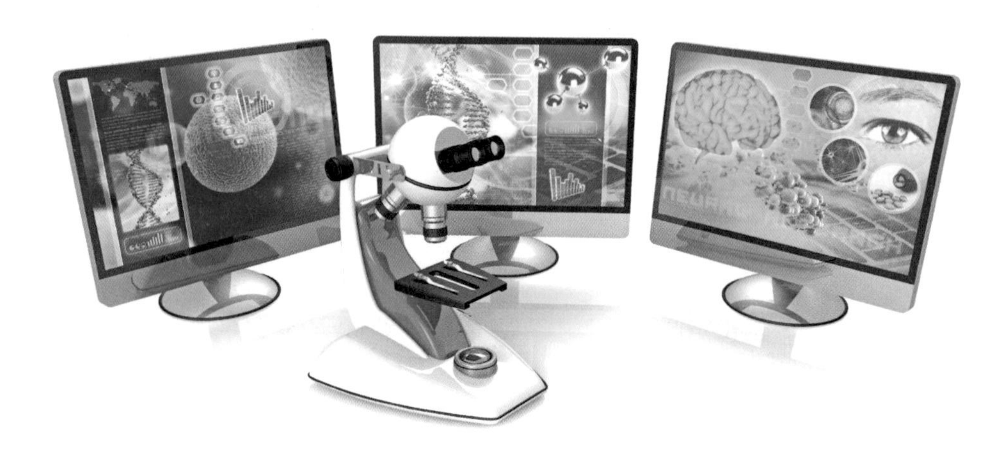

4. 화학 공학 기술자와 관련된 학과 및 자격증

- **관련 학과**: 화학공학과, 정밀화학과, 고분자재료공학과, 응용화학공학과, 정밀공업화학과, 화학시스템공학과, 고분자공학과, 공업화학과 등
- **관련 자격**: 공업화학기술사, 고분자제품기술사, 화학장치설비기술사, 화학공장설계기술사, 화약류제조산업기사, 화약류제조기사, 화학분석기능사, 화공기사, 화약류관리산업기사, 화약류관리기사, 화약류관리기술사, 화공안전기술사, 화공기술사, 화공산업기사, 화학분석기사 등

5. 화학 공학 기술자의 직업 전망

최근 화학 공학 기술자들은 산업 전반으로 광범위하게 진출하고 있는데, 특히 국내 석유화학 산업이 세계 5위의 규모를 차지할 정도로 발전 속도가 빠르게 진행되고 있어 이 분야로의 진출이 두드러진다. 그런데 기존의 석유화학 기술은 거의 포화 상태여서 현재의 기술을 점점 고도화시키는 방향과 새로운 응용 분야로의 진출이 진행되고 있다.

화학 공학은 나노 기술(NT), 생명 기술(BT) 등에 활용되는 각종 소재 개발과 소재의 생산 기술 개발, 고도의 분리공정을 위한 장치의 설계 및 제어 기술, 시뮬레이션 기술 등으로까지 기술이 확산되고 있다. 또한 새로운 분야에서는 원료가 되는 물질들을 혼합 또는 반응 · 분리시키는 공정에서 발생되는 에너지 문제와 환경 문제의 해결과도 연결되어 있다. 이처럼 화학공업의 발전은 여러 분야로 확대 · 발전되어 관련 분야의 화학 공학 기술자 인력 수요가 증가할 것으로 예상된다.

화학 공학 기술자는 다른 직업에 비해 임금과 복리 후생이 우수하고, 전문성을 인정받아 고용이 안정적인 편이다. 또한 개인의 능력에 따른 승진 및 직장 이동의 가능성이 높고, 근무 시간이 비교적 짧고 규칙적이며, 정신적 · 육체적 스트레스가 적은 것도 이 직업의 미래 전망을 밝게 하는 이유가 된다.

NT와 BT가 무엇인지 알아볼까?

- **NT(나노 기술)**: 나노미터 크기의 물질들을 기초로 하여 우리 실생활에 유용한 나노 소재, 나노 부품, 나노 시스템을 만드는 기술
- **BT(생명 기술)**: 생물이 가지고 있는 고유한 기능을 높이거나 개량하여 필요한 물질을 대량으로 생산해 내거나 유용한 물질을 만들어내는 기술

화학은 어떻게 발전해 왔을까?

화학은 물질의 실체가 무엇인지를 의심하는 것으로부터 시작되는 학문이다. 외관상으로는 각각 달라 보이는 물질들의 화학 성분을 분석해보면 일정한 물질들(주기율표에 분류된 원소)로 구성되어 있는 것을 알 수 있다. 이런 다양한 원소들이 어떻게 결합하는지에 따라 이 세상 만물이 형성된다. 그래서 화학을 연구하다 보면 물질을 보는 시선이 좀 더 단순해지고, 눈에 보이는 것이 실제가 아님을 알게 된다.

화학 학문과 관련성이 깊은 직업이 중세시대 연금술사들이다. 연금술사들은 물질의 성질을 변화시켜 다른 물질을 만들려고 시도했고, 이 비법을 이용하면 수많은 값싼 물질을 황금으로 바꿀 수 있다고 생각했다. 이와 같은 연금술사들의 생각은 화학 발전에 크게 이바지했다. 연금술사들은 많은 실험을 했고 이를 위한 여러 실험 기구를 만들었으며, 물질의 화학적 성질을 변화시키는 과정에서 '인'과 같은 새로운 물질을 발견하기도 했다. 따라서 근대 및 현대 화학의 기초는 연금술의 발전과 밀접한 관련이 있다.

화학은 새로운 물질을 만들거나 기존 물질을 인공적으로 만들며 물질의 성질을 분석하여 그 성질을 활용한다. 따라서 화학은 기초과학이면서 실용도가 높은 학문이다. 인류는 화학적 지식을 통하여 수많은 새로운 물질을 만들어 냈다. 예를 들어, 단열재와 같은 건설 재료, 컵라면 용기, 플라스틱, 약품, 염색 재료, 의료용품, 농약, 비료, 태양전지, 연료 저장 장치, 화장품, 농약 등 화학에 의한 성과는 그 수를 헤아릴 수가 없다.

화학 공학 기술자와 관련 있는 직업

화학 공학 기술자와 관련된 직업으로는 화학 공학 시험원, 음식료품 화학 공학 기술자, 의약품 화학 공학 기술자, 화공 기술자, 화학 분석 시험원, 화학 공정 기술자 등이 있다.

화학 공학 기술자

화학 공학 기술자가 되려면 전문대학 및 대학교에서 화학 공학 관련 학과 등을 졸업해야 한다. 화학 공학 관련 학과에서는 화학 공학의 기초 이론 및 공정 설계, 열역학, 열 물질 전달, 전달 현상 등에 대한 심화된 교육과 화학, 에너지, 환경, 소재 등 실용적 분야에 응용할 수 있는 실험실습 등의 교육을 통해 관련 지식을 배울 수 있다.

졸업 후에는 공채나 특채, 상시 채용 등을 통해 석유정제, 화학약품 등의 석유화학 산업 분야의 제조업체나 환경 분야 산업체로 진출한다. 중앙 부처나 지방 자치 단체의 화공직 공무원으로도 진출하기도 한다.

연구 설계 분야에서 일을 하려면 최소한 석사 이상의 학위를 요구하는데, 대학원에 진학해서 화학 공학 분야의 석사 과정이나 박사 과정 또는 석사 및 박사 통합 과정을 통해 학위를 취득한 후 공채나 특채를 통해 정부 기관, 기업 부설 연구소 연구원 또는 대학교수로 진출할 수 있다.

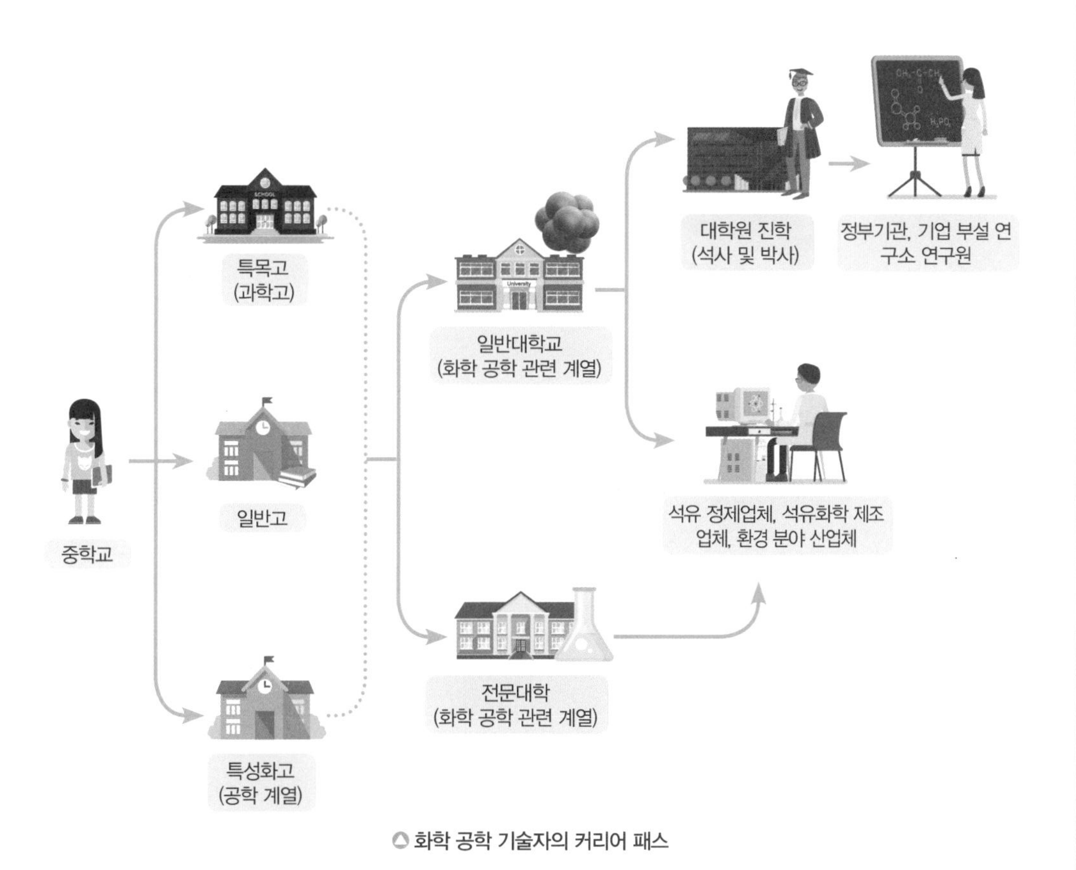

화학 공학 기술자의 커리어 패스

화학공학과

화학공학과는 화학 물질을 다루는 것뿐 아니라 에너지 공학, 환경 공학, 생명 공학 등 관련 분야까지 다루는 종합 학문을 하는 학과이다.
국가의 핵심 산업인 정유 및 석유화학 산업과 바이오, 에너지, 반도체 및 디스플레이 산업 등의 기초 지식부터 전문 지식까지 가르쳐 우수한 전문 인력을 양성하는 것을 목표로 한다.

진출 직업

상하수 처리 관련 조작원, 화학 공학 기술자, 화학제품 제조원, 환경 공학 기술자, 화학직 공무원, 변리사, 기술사, 화공직 공무원 등

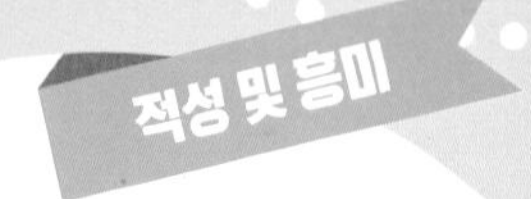

기초 과학과 화학적인 분석이나 실험, 물질의 변화에 관심과 흥미가 있다면 도전해 볼 만하다.
자연 현상에 대해 과학적 해석을 내릴 수 있도록 평소 논리적으로 사고할 줄 알고, 오랜 시간 집중해서 실험 · 실습을 수행할 수 있거나 세심한 주의력이 있는 사람에게 적합하다.
팀으로 업무를 수행하는 경우도 많아서 원만한 대인 관계를 갖고 있으면 도움이 된다. 컴퓨터를 활용한 연구 과정이 많으므로 이에 대한 기본 지식도 중요하다.

나노화학공학과, 응용화학소재공학과, 바이오화학공학과, 응용화학공학과, 화공생명공학과, 화공생물공학과, 화공시스템공학과, 응용화학과, 화공생명학과, 그린화학공학과, 화학분자공학과, 탄소융합공학과, 유기재료고분자공학과, 화공신소재공학과, 환경생명화학공학과, 화학융합공학과, 응용화학생명공학과 등

중·고등학교
학교생활 포트폴리오

★동아리 활동★

화학, 물리, 수학 등 이공 계열 관련 동아리 활동을 통해 기초 공학적 소양을 키울 것을 권장한다.

★봉사 활동★

경로당이나 보육원, 독거노인 등 우리 사회의 소외계층을 대상으로 봉사 활동을 꾸준히 한다.

★독서 활동★

화학, 과학, 공학 분야의 교양서적과 인문학 서적들을 틈틈이 읽으면서 관련 학과에서 요구하는 기초 소양을 기른다.

★교과 공부★

화학, 과학, 물리, 수학 등 교과 수업 활동에서 원리 탐구 능력과 이공 계열 분야에 대한 기초 역량을 키운다.

★교외 활동★

화학 관련 연구소나 관련 기관에서 주관하는 진로 체험 프로그램이나 대학에서 진행하는 화학공업 관련 캠프 프로그램 참여도 많은 도움이 된다.

※ 과학, 화학, 물리, 수학, 정보, 기술 · 가정 교과 수상 실적이나 과학 탐구대회 등의 수상 실적이 도움이 된다.

자격 및 면허

화공기사, 수질환경기사,
대기환경기사, 가스기사,
에너지관리기사,
산업안전기사 등

진출 분야

★기업체★

석유화학 및 정유업체, 정밀화학업체, 환경 및 에너지 관련 산업체, 식음료업체, 섬유업체, 신소재 관련 업체, 제약 및 생명과학 관련 업체

★연구소★

화학 관련 기업체 연구소, 화학 관련 대학 부설 연구소

★정부 및 공공 기관★

정부의 화학공업 관련 부서 공무원,
석유공사 및 화학 관련 공공 기관

INVESTIGATIVE • 탐구형 I

20 환경 공학 기술자

1. 환경 공학 기술자의 세계

인간은 환경을 떠나서는 살 수 없으며, 균형 있는 생태계가 유지되어야만 인간과 생물들이 서로 조화를 이루고 생명을 보전할 수 있다. 그러나 인간은 자신들의 편의를 위해 대기, 해양, 육지 등 지구의 자연환경을 이용하거나 개발하는 과정에서 환경을 파괴하고 생태계의 평형을 깨뜨렸으며, 결국 그 피해를 인간이 고스란히 받고 있다. 이 때문에 앞으로는 환경을 생각하는 개발은 물론, 환경오염을 예방하고 깨끗한 자연 환경을 가꾸며 살 수 있도록 노력해야 한다.

환경 공학은 자연 생태계의 보전 및 환경오염과 관련된 학문으로, 인간과 다른 생명체가 공존하기 위해서 깨끗한 물 · 공기 · 땅을 공급하고 오염된 지역을 깨끗하게 하는 등 과학과 공학의 원리들을 통합하여 주변 자연환경을 개선하는 데 기여하고 있다. 환경 공학은 또한 인간과 동물 활동으로부터 발생하는 폐기물 관리, 에너지 자원의 보호 및 공급 자산 관리에 관한 문제들을 다루는 응용과학 기술의 한 분야이기도 하다.

환경 공학 기술자는 공학적인 원리를 활용하여 다양하게 발생하는 환경 문제를 해결하기 위해 실험 또는 연구를 수행하는 직업이다.

2. 환경 공학 기술자가 하는 일

환경 공학 기술자는 지구 생태계의 환경 문제를 해결하기 위해 다양한 공학 원리를 활용하여 시험과 분석 · 연구 등을 수행하여 환경 시설을 설계하고, 이의 효율적인 공정을 개발하며 기술적 관리 방안을 마련한다. 또한 환경 시설의 시공, 운영 등을 포함한 환경 관련 업무를 감독하는 일도 한다.

환경 오염물을 측정하고 필요한 자료를 수집 · 분석한 후 환경 보전에 필요한 다양한 공학적인 기술들을 개발한다.

환경이 오염되는 것을 예방하고 제어하는 처리 시설을 설계하고 시공하기 위한 연구를 진행한다.

각종 폐기물을 매립 · 저장할 장소를 설계하거나 환경 정화 시스템을 주기적으로 점검하고 고장난 곳을 수리한다.

각종 환경오염 방지 및 환경 보전을 위한 정책 수립에 참여한다.

생태계와 생활환경을 환경오염의 위험에서 완전하게 보전할 수 있는 환경 시설물을 계획하고 시공한다.

각 분야서 발생하는 환경오염 물질과 실태 파악을 위한 현장 조사를 실시한 후 각종 실험기구나 측정 장비 등을 활용해서 실험과 분석을 한다.

각종 개발 기계들이 자연환경에 어떤 영향을 미치는지 사전에 환경영향평가를 실시한 후 연구 보고서를 작성하여 발표한다.

환경영향평가란 무엇인지 알아볼까?

환경영향평가는 특정 사업이 환경에 영향을 미치게 될 각종 요인들에 대해 그 부정적 영향을 제거하거나 최소화하기 위해 사전에 그 환경 영향을 분석하여 검토하는 것을 말한다. 우리나라에서는 1977년 환경보전법이 제정되면서 최초로 도입되었으며, 처음 시행된 것은 1981년 3월부터다.

환경영향평가 대상 사업		환경영향평가 분야
도시 개발 사업, 산업입지 및 산업단지 조성 사업, 에너지 개발 사업, 항만 건설 사업, 도로 건설 사업, 수자원 개발 사업, 철도(도시 철도 포함) 건설 사업, 공항 건설 사업, 하천의 이용 및 개발 사업, 개간 및 공유 수면 매립 사업, 관광단지 개발 사업, 산지 개발 사업, 특정 지역 개발 사업, 체육시설 설치 사업, 폐기물 처리 시설 설치 사업, 국방 · 군사시설의 설치 사업, 토석 · 모래 · 자갈 · 광물 등의 채취 사업, 환경에 영향을 미치는 시설로서 대통령령으로 정하는 시설의 설치 사업	➜	대기 환경 수 환경 토지 환경 자연생태 환경 생활 환경 사회 · 경제 환경

환경 공학 기술자는 보통 실내에서 실험과 분석 업무 등을 하지만 때로는 샘플을 얻기 위해 실외에서 근무하기도 한다. 소각로나 특정 위험한 화학약품 등을 다룰 때는 소음이나 폭발, 냄새 등이 발생하기도 한다. 실험 과정에서 화상을 입거나 화학물질에 중독될 가능성이 있기 때문에 안전에 유의해야 한다.

3. 환경 공학 기술자에게 필요한 능력

환경 공학 기술자는 환경과 생태계에서 일어나는 다양한 현상들에 대해 호기심이 많고 탐구적인 활동을 좋아하는 사람에게 유리하다. 새로운 사실을 알아내기 위한 조사 · 연구 활동을 통해 창의적으로 문제를 해결할 수 있는 창의력과 분석력, 업무를 추진할 수 있는 리더십이 필요하다. 또한 오랜 시간 동안 연구가 진행되기 때문에 꼼꼼함과 인내심이 요구된다.

환경 공학 분야는 각종 통계 자료를 활용해 환경오염 정도를 분석하는 경우가 많으므로 수리 능력과 논리적 분석력이 있으면서 신속 · 정확하고 꼼꼼하게 일을 처리하는 사람에게 유리하다. 많은 사람의 생활과 직접적으로 관련된 문제를 다루는 만큼 책임감과 신뢰성도 요구된다.

4. 환경 공학 기술자와 관련된 학과 및 자격증

- **관련 학과**: 공업화학과 , 화학공업과 , 화학과, 환경공학과 , 환경과학과, 생명과학과, 환경학과, 환경시스템공학과, 해양환경공학과, 산림환경과학과, 환경정보과, 환경화학공학과, 토목환경공학과 등
- **관련 자격**: 해양환경기사, 대기환경산업기사, 대기환경기사, 수질환경산업기사, 수질환경기사, 환경기능사, 기상예보기술사, 대기관리기술사, 폐기물처리산업기사, 토양환경기사, 토양환경기술사, 자연상태복원산업기사, 자연상태복원기사, 자연환경관리기술사, 온실가스관리기사 등

5. 환경 공학 기술자의 직업 전망

우리나라 국민의 소득 수준이 높아지면서 삶의 질이 향상되었고, 쾌적한 환경에서 살고 싶어 하는 욕구도 상승하고 있다. 이런 이유로 국가 차원에서 환경 보전을 위한 규제가 강화되면서 환경 관련 분야의 산업 시장은 확대되고 있다. 저탄소 사회로 나아가기 위해 기후 변화에 대한 대응을 강화하고 폐기물 재활용 촉진 및 에너지화 대책을 마련하

는 등 생활 속에서 느낄 수 있는 다양한 환경 정책을 실시 · 강화하고 있기 때문에 환경 공학 기술자의 수요는 늘어날 것으로 예상된다.

특히 수질 분야, 폐기물 분야, 환경 에너지 분야를 중심으로 청정 생산 기술 분야, 생태 복원 분야, 환경영향평가 컨설팅 분야 등에 인력 수요가 늘어날 것으로 예상된다. 향후 환경 규제의 강화 및 환경 문제 해결을 위한 기술 개발뿐만 아니라 신재생 에너지 기술 개발의 필요성으로 환경 및 신재생 에너지 관련 분야의 기술직 공무원의 수요도 증가할 것으로 예측된다.

환경 공학 기술자는 다른 직업과 비교하여 임금과 복리 후생이 높은 편이며, 정규직 채용 비율이 높고 연구의 연속성이 요구되기 때문에 고용 유지 또한 높은 편이다. 능력에 따른 승진과 직장 이동 가능성이 높은 점도 미래 전망성을 높이는 요인이다.

환경 공학 기술자와 관련 있는 직업

환경 공학 기술자와 관련된 직업으로는 대기 환경 기술자, 수질 환경 기술자, 토양 환경 기술자, 소음진동 기술자, 폐기물 처리 기술자, 환경 컨설턴트 등이 있다.

환경 컨설턴트

기업이나 공공기관 등이 가지고 있는 다양한 환경 관리상의 문제점을 찾아내고 평가하며, 해결책을 제시하는 사람이다.

예를 들어 신도시 개발 사업을 진행하기 전에 관련 사업이 자연환경에 미치는 영향을 측정하고 평가하며 해결책을 제시한다. 또한 환경 관리를 위한 계획 수립과 환경 관리를 위한 교육, 기업들의 공해 방지 산업 진출에 대한 적합성 여부를 조사하기도 한다.

환경 컨설턴트가 되고자 한다면 화학이나 물리학 등 자연 과목을 좋아하고, 환경 문제나 자연에 대해 평소 관심이 있어야 한다. 환경오염의 원인을 분석하기 위한 분석력과 체계적인 사고 능력이 필요하고, 응용 범위가 매우 넓으므로 폭넓은 시야를 가지는 것이 필요하다.

환경 공학, 토목 공학, 화학 공학 등 공학 계열의 전공과 경영적 지식과 법 제도와 관련이 깊기 때문에 경영학, 법학 등의 전공이 적합하다. 환경 규제와 관련된 다양한 법규, 외국의 최신 자료와 동향을 파악하기 위한 외국어 능력, 환경에 대한 관심과 애정이 있는 사람이 지원하는 것이 좋다.

환경 공학 기술자

환경 공학 기술자가 되려면 전문대학 및 대학교에서 환경공학과, 화학과, 환경학과, 환경시스템공학과, 해양환경공학과, 산림환경과학과, 환경과학과, 환경정보과, 환경화학공학과, 토목환경공학과 등을 졸업하는 것이 유리하고, 연구 · 개발 분야에 종사하기 위해서는 관련 분야 석사 이상의 학위가 요구된다. 특히 환경공학과에서는 환경화학, 수질분석 등의 기초 학문뿐만 아니라 산업폐수처리 공학, 폐기물처리 공학, 대기오염방지 공학, 환경영향평가 등 환경 공학 분야 전반에 걸친 지식과 기술을 습득할 수 있다.

졸업 후 진출 분야로는 환경 전문 용역업체, 환경오염 방지 시설업체, 폐기물 처리 회사, 건설업체 등의 산업체와 각종 환경 관련 연구소, 정부 투자 기관, 학교, 지방 및 정부부처의 공무원 등이 있다. 환경 관련 업체나 기관에서는 주로 개발이나 연구의 경험이 있는 경력직이 취업에 유리하고, 오염 방지 사설업체 · 폐기물 처리 회사 등의 다양한 환경 관련 연구소에서 경력을 쌓을 수 있다. 정부부처의 연구원이나 국립 연구소에서 일하는 경우에는 석사 이상이나 환경기사 이상의 자격을 요구한다.

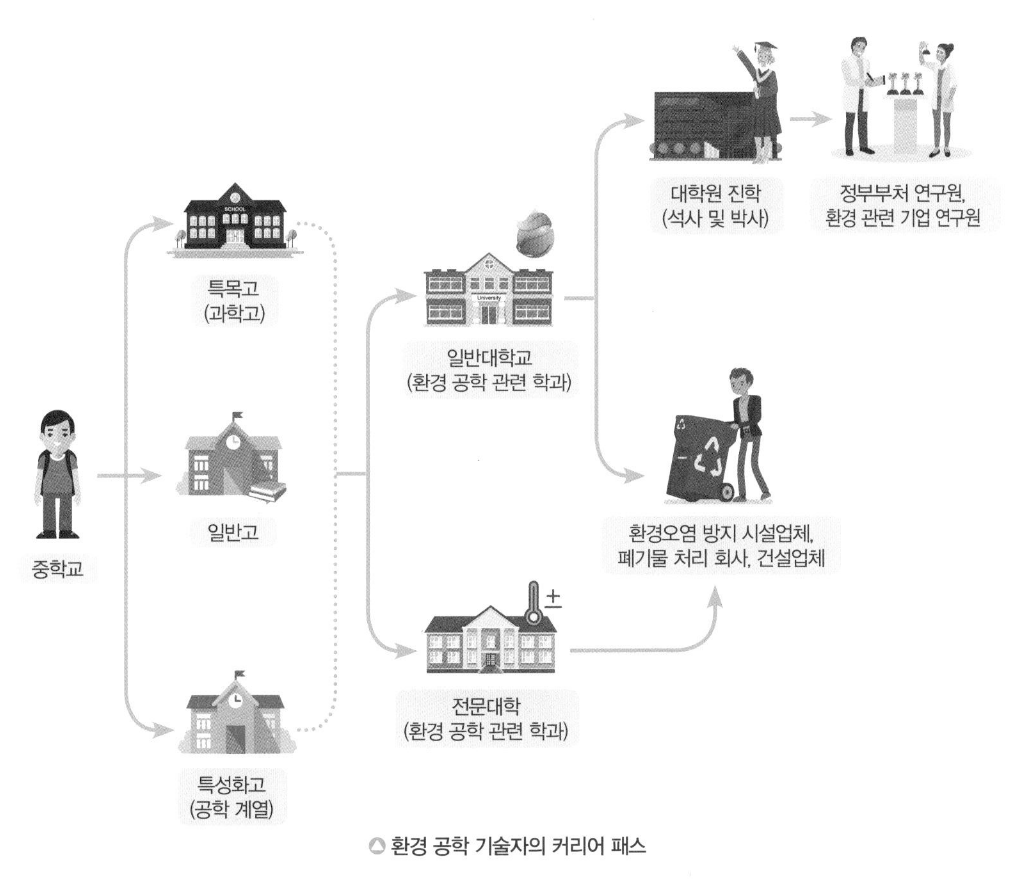

△ 환경 공학 기술자의 커리어 패스

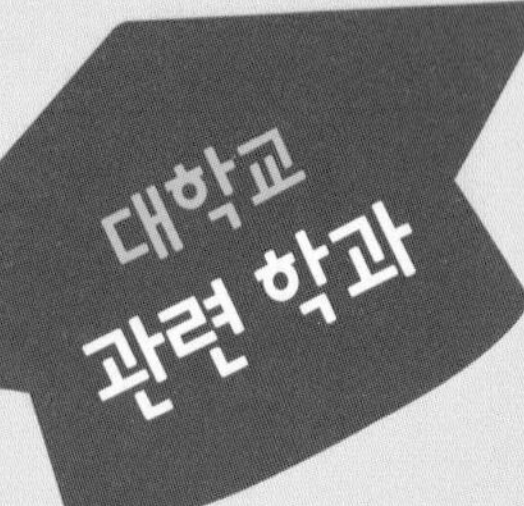

환경공학과

환경공학과는 쾌적한 환경의 확보, 자연 생태계의 보전, 지속 가능한 환경 및 에너지 기술 개발을 목적으로 공학적 · 자연과학적 · 계획적 지식을 이용하여 각종 환경 및 에너지 문제를 다룬다.
21세기 삶의 질 향상과 미래 복지사회의 구현에 필수적인 친환경적 사회 기반 구축과 청정 환경 기술 개발 및 산업 육성을 선도할 전문 인력을 양성한다.

상하수 처리 관련 조작원, 소각로 관련 장치 조작원, 폐기물 처리 기술자, 해양 공학 기술자, 환경 공학 기술자 등

적성 및 흥미

화학이나 물리학 등 자연 과학과 환경 문제에 평소 관심이 많다면 학과 공부에 도움이 된다.
환경 관련 분야는 현장에서 근무하는 경우가 많아 활동적인 성격이면 좋고, 오랜 시간 동안 연구 활동을 수행하려면 끈기와 인내심도 필요하다.
환경오염의 원인을 분석하고 해결점을 찾기 위해서는 논리적 분석력과 사고력도 요구된다.

사회환경시스템공학과, 바이오환경공학과, 에너지환경과학과, 환경조경학과, 환경대기과학과, 지구환경과학과, 화학공업과, 환경과학과, 생명과학과, 환경학과, 환경시스템공학과, 해양환경공학과, 산림환경과학과, 환경정보과, 환경화학공학과, 토목환경공학과 등

수질환경산업기사, 수질환경기사, 수질관리기술사, 대기환경산업기사, 대기환경기사, 대기관리기술사, 소음진동산업기사, 소음진동 기사, 소음진동기술사, 폐기물처리산업기사, 폐기물처리기사, 폐기물처리기술사, 토양환경기사, 토양환경기사, 토양환경기술사, 자연생태복원산업기사, 자연생태복원기사, 자연환경관리기술사, 온실가스 관리산업기사, 온실가스 관리기사, 환경기능사 등

★기업체★

환경 오염 방지 회사, 환경 운동 단체, 기업체 환경 관리 분야, 환경 보전 및 폐기물 처리업체

★연구소★

환경 관련 국공립 연구소(국립환경과학원, 한국환경정책평가연구원, 기상연구소), 환경 관련 기업체 연구소

★정부 및 공공 기관★

환경부, 기상청, 환경 관련 공기업(한국수자원공사, 한국환경공단, 한국토지주택공사, 한국전력공사 등)

중·고등학교 학교생활 포트폴리오

★동아리 활동★

과학, 화학, 물리, 등 이공 계열 관련 동아리 활동을 통해 공학의 기초 소양을 키운다.

★봉사 활동★

경로당이나 보육원, 독거노인 등 우리 사회의 소외계층을 대상으로 지속적으로 봉사 활동을 하고, 특히 자연 생태계 복원 관련 봉사 활동에도 참여한다.

★독서 활동★

환경을 비롯한 이공계 분야의 교양 서적들을 틈틈이 읽으면서 관련 학과에서 요구하는 기초 소양을 키운다.

★교과 공부★

과학, 화학, 물리, 수학 등 교과 수업 활동에서 원리 탐구 능력과 이공 계열 분야에 대한 기초 역량을 기른다.

★교외 활동★

각종 환경 관련 기관에서 주관하는 환경 및 생태 체험 프로그램에 적극 참여하고, 대학에서 주관하는 환경 캠프 활동 참여를 권장한다.

※ 과학, 화학, 물리 등의 교과 수상 실적이나 과학 탐구대회 등의 수상 실적이 도움이 된다.

REALISTIC · 참고 문헌 & 사이트

참고 문헌

- 글공작소, 성격과 기질로 알아보는 어린이 직업 백과, 아름다운 사람들, 2010.
- 최정원, 어린이를 위한 미래직업 100, 이케이북, 2016.
- 박가열 외 11 명, 2019 한국직업전망, 한국고용정보원, 2018.
- 한국항공우주산업진흥협회, 항공우주 77호, 2002.
- 한승배, 10대를 위한 직업 백과, 꿈꾸는달팽이, 2015.

참고 사이트

- 경찰청 | www.police.go.kr/portal/main/contents.do?menuNo=200667
- 국민건강 알람서비스 | forecast.nhis.or.kr/menu.do
- 데일리벳 | www.dailyvet.co.kr/news/practice/60300
- 매일경제 | www.mk.co.kr/news/it/view/2019/04/249117
- 미국항공우주국(NASA) | www.nasa.gov
- 산업통상자원부 | http://www.motie.go.kr/motie/ne/presse/press2/bbs/bbsView.do?bbs_seq_n=161262&bbs_cd_n=81¤tPage=1&search_key_n=&cate_n=&dept_v=&search_val_v=
- 삼성뉴스룸 | https://news.samsung.com/kr/첨단과-상상-입은-기술-혼합현실mr을-아세요
- 워크넷 | www.work.go.k
- 커리어넷 | www.career.go.kr
- 한국고용정보원 | https://www.keis.or.kr/user/extra/main/2108/publication/publicationList/jsp/LayOutPage.do?categoryIdx=125&pubIdx=5212&onlyList=N
- 한국항공우주산업진흥협회 | www.koreascience.kr/article/JAKO200251922881467.page
- 한국항공우주연구원 | www.kari.re.kr
- Computer Ethics Institute | www.computerethicsinstitute.org/publications/tencommandments.html

이미지 출처

- 10쪽 | 우주인 | NASA
- 44쪽 | 국민건강 알람서비스 | forecast.nhis.or.kr/menu.do
- 70쪽 | NASA의 DNA 염기서열 분석 성공 | NASA
- 107쪽 | 웨이모 | www.youtube.com/watch?v=aaOB-ErYq6Y
- 122쪽 | 증강현실을 이용한 가구 배치 | 이케아 www.youtube.com/watch?v=uaxtLru4-Vw

초판 1쇄 발행 2019년 6월 25일

저 자 | 한승배, 강서희, 오규찬, 오지연, 이영석, 현선주
발 행 인 | 신재석
발 행 처 | (주) 삼양미디어
등록번호 | 제10-2285호
주 소 | 서울시 마포구 양화로 6길 9-28
전 화 | 02-335-3030
팩 스 | 02-335-2070
홈페이지 | www.samyangM.com
I S B N | 978-89-5897-375-1(44300)
978-89-5897-373-7(44300)(6권 세트)